U0674567

浪花的足迹

吉林大学贯彻落实习近平总书记
对黄大年同志先进事迹
作出重要指示五年工作综述

吉林大学党委宣传部　编著

吉林大学出版社
·长春·

图书在版编目（CIP）数据

浪花的足迹：吉林大学贯彻落实习近平总书记对黄
大年同志先进事迹作出重要指示五年工作综述 / 吉林大
学党委宣传部编著. -- 长春：吉林大学出版社，2022.9
ISBN 978-7-5768-1326-5

Ⅰ. ①浪… Ⅱ. ①吉… Ⅲ. ①黄大年 – 纪念文集
Ⅳ. ①K826.14–53

中国版本图书馆CIP数据核字(2022)第250068号

书　　　名：浪花的足迹
　　　　　　——吉林大学贯彻落实习近平总书记对黄大年同志先进事迹作出重要指示五年工作综述
　　　　　　LANGHUA DE ZUJI——JILIN DAXUE GUANCHE LUOSHI XI JINPING ZONGSHUJI DUI HUANG
　　　　　　DANIAN TONGZHI XIANJIN SHIJI ZUO CHU ZHONGYAO ZHISHI WU NIAN GONGZUO ZONGSHU

作　　　者：吉林大学党委宣传部
策划编辑：代景丽
责任编辑：代景丽
责任校对：刘　丹
装帧设计：刘　瑜
出版发行：吉林大学出版社
社　　　址：长春市人民大街4059号
邮政编码：130021
发行电话：0431–89580028/29/21
网　　　址：http://www.jlup.com.cn
电子邮箱：jldxcbs@sina.com
印　　　刷：吉广控股有限公司
开　　　本：787mm×1092mm　　　1/16
印　　　张：11.25
字　　　数：150千字
版　　　次：2022年9月　第1版
印　　　次：2022年9月　第1次
书　　　号：ISBN 978-7-5768-1326-5
定　　　价：98.00元

版权所有　翻印必究

编委会

主　　编　李洪明

特邀编审　段　为　卜立平

副 主 编　张晓萌　关升亮

执行副主编　霍　睿

编　　者（按姓氏笔画排序）

王元辰　方卫东　冯子宸　冯世博　兰去非

曲家伟　刘　红　刘　飒　刘斯伟　李　宏

张　倩　张　雪　张宏伟　张斯琦　陈　钊

陈慧義　范思娣　金光旭　金梓衡　周骁勇

庞　岩　赵家彬　饶明月　秦　鸽　徐立华

郭倩君　崔曾多　韩　帅　潘　懿

2017年5月，中共中央总书记、国家主席、中央军委主席习近平对黄大年同志先进事迹作出重要指示强调，我们要以黄大年同志为榜样，学习他心有大我、至诚报国的爱国情怀，学习他教书育人、敢为人先的敬业精神，学习他淡泊名利、甘于奉献的高尚情操，把爱国之情、报国之志融入祖国改革发展的伟大事业之中、融入人民创造历史的伟大奋斗之中，从自己做起，从本职岗位做起，为实现"两个一百年"奋斗目标、实现中华民族伟大复兴的中国梦贡献智慧和力量。

人的生命相对历史的长河不过是短暂的一现，随波逐流只能是枉自一生，若能作一朵小小的浪花奔腾，呼啸加入献身者的滚滚洪流中推动人类历史向前发展，我觉得这才是一生中最值得骄傲和自豪的事情。

——黄大年

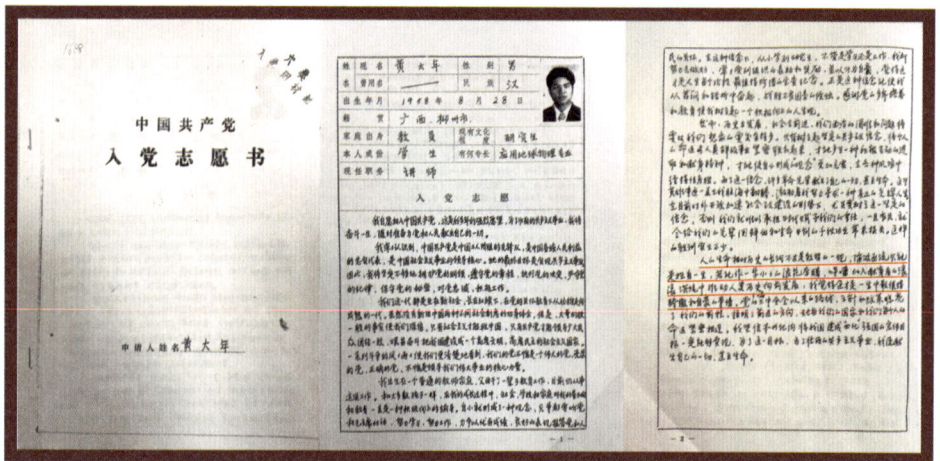

序

"寻梦？撑一支长篙，向青草更青处漫溯；满载一船星辉，在星辉斑斓里放歌。"

康河的柔波虽美，终不抵黄大年心中对家国的眷恋。

"若能作一朵小小的浪花奔腾，呼啸加入献身者的滚滚洪流中推动人类历史向前发展"，才是黄大年一生中最值得骄傲和自豪的事情。

黄大年是著名地球物理学家，生前担任吉林大学地球探测科学与技术学院教授、博士生导师，曾任吉林大学新兴交叉学科学部首任部长。2009年，黄大年毅然放弃国外优越条件回到祖国，刻苦钻研、勇于创新，取得了一系列重大科技成果，填补了多项国内技术空白。2017年1月8日，黄大年因病离世，永远地离开了这个世界，离开了他所热爱的事业。

斯人已逝，幽思长存。

黄大年对祖国的深沉挚爱、对工作的执着坚守、对科研的精益求精，谱写了一曲可歌可泣的生命赞歌，树立起一座勇攀高峰的精神丰碑。他的事迹时刻激励着科研工作者们锐意创新、砥砺奋进，他的故事也被多次搬上了荧幕，被越来越多的人所熟知。

2017年5月，习近平总书记对黄大年同志先进事迹作出重要指示。2021年9月，习近平总书记给全国高校黄大年式教师团队代表回信。如今，习近平总书记对黄大年同志先进事迹作出重要指示精神和给全国高校黄大年式教师团队代表回信精神，已经融入吉大师生血脉，成为吉林大学

浪花的足迹

精神谱系的重要组成部分，激励师生矢志奋斗、推动学校事业繁荣发展。

在地质宫不灭的灯火中，黄大年的身影仿佛从未离开。

2017年4月，教育部追授黄大年"全国优秀教师"荣誉称号；2017年5月，中共中央宣传部追授黄大年"时代楷模"荣誉称号；2017年7月，中共中央追授黄大年"全国优秀共产党员"荣誉称号；2017年9月，黄大年荣获2017年度全国教书育人楷模特别奖；2017年11月，黄大年荣获第六届全国道德模范敬业奉献类奖项；2018年3月，黄大年当选"2017年度感动中国人物"；2018年4月，黄大年与厉声教等一同被评为"逝世的十位国家脊梁"；2019年9月，黄大年荣获"最美奋斗者"个人称号……光荣的背后，凝聚了多少努力与汗水，又承载着多少使命和担当。

黄大年用自己的一生诠释了他的爱国情怀、敬业精神和高尚情操。作为黄大年精神的发源地，追随着他的足迹，越来越多的吉大师生以学识和智慧点亮爱国报国的理想之光，为实现中华民族伟大复兴的中国梦而不懈奋斗。

在人生的道路上，每走一步，我们仿佛都要停驻片刻，凝望曾经的足迹，深深浅浅，点点滴滴。《浪花的足迹》就是我们记录往昔、展望未来的伏笔，是为了更好地贯彻落实习近平总书记重要指示、重要回信精神，为了更好地传承和发扬黄大年精神，为了更好地致敬这个"奋斗者"的时代。

吉大师生要深刻领会习近平总书记重要指示、重要回信精神，始终以黄大年为榜样，坚定理想信念、练就过硬本领，自觉从黄大年精神中汲取力量，做到胸怀梦想、脚踏实地，把担当写进光辉伟大的事业，把光荣镌刻在人生的履历，以信仰为炬、以初心为擎、以实干为犁，为建设中国特色世界一流的吉林大学，贡献辛勤汗水和聪明才智。

韩喜平

2022年9月

前　言

习近平总书记对黄大年同志先进事迹作出重要指示五年来，学校党委始终牢记嘱托、感恩奋进，不断丰富和践行黄大年精神，以黄大年精神发源地的担当和传承者的身份走在排头、干在前列。全校上下深入学习贯彻习近平总书记重要指示精神，广泛开展向黄大年同志学习的教育活动，全力培育黄大年式教师团队和科研团队，持续守好黄大年的报国初心、讲好传承黄大年精神的奋斗故事、走好新时代的"赶考"之路。

在习近平总书记重要指示精神的指引下，在黄大年精神的激励下，五年来，全校上下争创一流的共识越来越凝聚，跨越发展的决心越来越坚定，发展加速、提质增效的向上态势越来越强劲，实现了建成国内一流、国际知名的高水平研究型大学发展目标，为建设中国特色、世界一流大学奠定了坚实基础。秉承着"求实创新　励志图强"的吉大校训和"人比山高　脚比路长"的开拓品质，吉林大学"红"与"专"的精神谱系正不断丰富和完善，吉林大学深入贯彻落实立德树人根本任务和服务教育强国、人才强国、科技强国建设的伟大实践正生动呈现……

目录

第一篇章

高山景行 薪火相传

擘 画——

追 忆——

镌 刻——

铸 魂——

第一篇章

高山景行　薪火相传

▶ 擘画——

▶ 追忆——

▶ 镌刻——

▶ 铸魂——

擘 画——

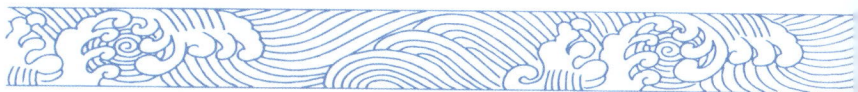

五年来，学校党委深入贯彻落实习近平总书记重要指示精神，持续推动黄大年精神贯穿于办学治校、事业发展全过程，把学习宣传、弘扬践行黄大年精神不断引向深入。

聚焦顶层设计

习近平总书记的重要指示，不仅是引领师生员工奋勇前行的重要航标，更是推动学校事业发展的强大精神力量，为学校发展提供了纲领、指明了方向。

五年来，学校党委围绕贯彻落实习近平总书记重要指示精神，制定并发布了《关于学习贯彻落实习近平总书记对黄大年同志先进事迹重要指示的通知》《关于进一步深入贯彻习近平总书记重要指示精神，向"全国优秀共产党员"黄大年同志学习的通知》等一系列重要通知、文件和工作方案，全面夯实了对习近平总书记重要指示精神的学思践悟。

2017年5月25日，中央电视台综合频道《新闻联播》节目播出习近平总书记对黄大年同志先进事迹作出重要指示的报道

2017年5月25日，吉林大学第一时间组织师生观看《新闻联播》，学习习近平总书记对黄大年同志先进事迹作出的重要指示

　　贯彻落实习近平总书记重要指示精神，既是政治任务，也是发展路径。学校把对习近平总书记重要指示精神的深刻领会和对黄大年精神的弘扬传承融入事业发展进程中，延伸至文化引领、学科发展、师资建设、人才培养、科技创新、交流合作、社会服务等各个方面，既明晰了前进目标，又厘清了工作思路；既激发了奋斗动力，又找准了发展方向。

　　中国共产党吉林大学第十五次代表大会于2021年12月21日至23日胜利召开。学校党委书记姜治莹代表中共吉林大学第十四届委员会作了题为《乘势而上开新局 扬帆起航再出发 为建设中国特色世界一流大学而不懈奋斗》的工作报告，全面总结了学校过去五年的发展业绩和基本经验，系统分析了学校发展面临的现实挑战和重要机遇，科学谋划了学校未来五年的总体思路和目标任务，并对加强新时代学校党的建设提出了明确要求。大会审议通过了"关于《吉林大学"十四五"事业发展规划》的决议"等决议，并选举产生了中国共产党吉林大学第十五届委员会和中国共产党吉林大学第十五届纪律检查委员会。

在"十四五"开局之年，在全面开启建设社会主义现代化国家、向第二个百年奋斗目标进军新征程的重要时刻，在学校启动新一轮"双一流"建设、加快推进高质量内涵式发展的关键时期，中国共产党吉林大学第十五次代表大会的召开，是对学校过去和未来深入贯彻落实习近平总书记重要指示精神的阶段性总结和前瞻性引领，也是对传承和弘扬黄大年精神的延续，融合着吉大师生的共同意志，凝聚着吉大师生的共同智慧，彰显着吉大师生的共同追求。

2021年12月22日，中国共产党吉林大学第十五次代表大会在中心校区鼎新大讲堂隆重开幕

面对机遇和挑战，学校党委坚定不移地以习近平新时代中国特色社会主义思想为指导，坚持一张蓝图绘到底、一个目标向前行，扎实践行一个根本遵循，即"加强党对学校工作的全面领导"；准确把握一个历史方位，即

"新发展阶段的起步开局期";坚定立足一个办学定位,即"国家队第一方阵";始终聚焦一个奋斗目标,即"中国特色、世界一流大学";继续坚持一个发展布局,即"多区共建、协调发展";合力紧扣一个战略抓手,即"全力打造'三大工程'"。

到2025年,学科结构和布局进一步优化,一批学科达到国内一流水平,接近或跻身世界一流行列的学科(领域)数量持续增长,总体办学水平稳步提升,国内一流、国际知名的高水平研究型大学建设迈上新台阶。

到2030年,学校核心竞争力显著提升,更多学科进入世界一流行列,基本建成中国特色、世界一流大学,为2035年实现教育现代化、建成教育强国贡献吉大力量。

到 2046年建校百年之际,建成中国特色、世界一流大学,成为在国家创新体系中承担关键角色,在国家和世界高等教育格局中具有重要地位,世界同行广泛认同、享誉全球的知名学府,为实现第二个百年奋斗目标贡献力量。

汇聚思想共识

五年来,学校党委站高谋远、导向鲜明,充分发挥教育主阵地、主渠道作用,激励师生深刻领会习近平总书记重要指示精神、学习弘扬黄大年精神,自觉成为黄大年精神的传播者、继承者和践行者。

学校充分发挥领导干部政治立场坚定、理论水平深厚、实践经验丰富、熟悉教育规律等优势,围绕贯彻落实习近平总书记重要指示精神、学习弘扬黄大年精神等内容，多次组织召开党委常委会、党委全委会、学校党委理论学习中心组集体学习等专题会议，进一步推动领导班子成员、党委理论学习中心组成员先学一步、学深一层，助力形成了"参学、督学、导学、助学、促学"的良好氛围。

在习近平总书记对黄大年同志先进事迹作出重要指示三周年、五周年之际，学校分别召开了中共吉林大学第十四届委员会第十三次全体会议、第十五届委员会第二次全体会议，深刻总结了学校持续贯彻落实习近平总书记对黄大年同志先进事迹作出的重要指示精神、全面深入开展各项工作的突出成绩，统一了思想、凝聚了人心、鼓舞了士气。

2020年5月18日，在习近平总书记对黄大年同志先进事迹作出重要指示三周年之际，中共吉林大学第十四届委员会举行第十三次全体会议，会议主题是"深入贯彻落实习近平总书记重要指示，推进'黄大年精神'在吉林大学落地生根"

2022年5月19日，在习近平总书记对黄大年同志先进事迹作出重要指示五周年之际，中共吉林大学第十五届委员会举行第二次全体会议，会议主题是"牢记习近平总书记谆谆教诲，再创新时代吉大辉煌"

每逢习近平总书记对黄大年同志先进事迹作出重要指示周年纪念日，学校都会组织召开专题座谈会，围绕"牢记习近平总书记重要指示，传承弘扬黄大年精神，努力培养担当民族复兴大任的时代新人""心有大我、至诚报国""弘扬黄大年精神 立德树人 科研报国"等主题，开展交流研讨或工作汇报，了解并掌握广大师生学习贯彻落实习近平总书记重要指示精神的有关情况，积极梳理和总结黄大年精神的思想内涵和时代价值。

2018年5月23日，吉林大学召开"贯彻落实习近平总书记重要指示，继承弘扬黄大年精神"座谈会，时任校党委书记杨振斌、时任校长李元元出席座谈会

2019年5月23日，吉林大学召开学习贯彻习近平总书记对黄大年同志先进事迹作出重要指示两周年座谈会，时任校党委书记杨振斌、时任校长李元元出席座谈会

2020年5月25日，吉林大学召开纪念习近平总书记对黄大年同志先进事迹作出重要指示三周年座谈会，校党委书记姜治莹、校长张希出席座谈会

2021年5月25日，吉林大学召开纪念习近平总书记对黄大年同志先进事迹作出重要指示四周年座谈会，校长张希出席座谈会

2022年5月14日，吉林省委书记景俊海在吉林大学主持召开纪念习近平总书记对黄大年同志先进事迹作出重要指示五周年座谈会，校党委书记姜治莹、校长张希在座谈会上发言

　　全体校领导主动担当作为、带头学深悟透，通过讲授专题党课、参与集体学习、参加主题党团活动等形式，多次深入分管部门或联系单位指导工作，进一步推动习近平总书记重要指示精神和黄大年精神落地生根、入脑入心。

2021年5月26日，校党委书记姜治莹结合自身学习工作经历及党史、校史上的重要历史事件和历史人物，以"感悟百年党史 回首吉大记忆"为题，为广大师生讲授了一堂内涵深刻、生动形象的专题党课，使师生进一步了解了以黄大年同志为代表的新一代吉大人"心有大我 至诚报国"的奋斗史

　　学校专门成立了"黄大年精神研究会"，定期组织召开学术研讨会，从思想层面、理论视野、精神高度、道德要求和实践需求出发，深入研究黄大年精神，不断强化弘扬践行黄大年精神的思想意识，让广大师生员工学有目标、干有抓手、赶有方向。

2020年1月8日，吉林大学举行纪念黄大年同志逝世三周年学术研讨会

　　五年来，学校坚持不懈地深入挖掘黄大年精神所蕴含的丰富教育资源和深厚文化底蕴，把凝聚共识贯穿于师生学习宣传、弘扬践行黄大年精神的生动实践，引导师生在学习领悟中寻求共识、在宣传教育中传播共识、在弘扬践行中增进共识，使思想共识聚得更牢、精神内涵悟得更透。

领航育人导向

　　学校党委坚定不移地沿着习近平总书记指引的方向，深入贯彻落实全国高校思想政治工作会议精神，全面贯彻落实党的教育方针，努力培育和践行社会主义核心价值观，凝心聚力回答新时代的"教育之问"，加快推进"三全育人"建设目标，以抓铁有痕的决心和久久为功的恒心，不断推进黄大年精神学习教育提质增效。

2018年4月23日，吉林大学新时代教育思想大讨论动员大会在中心校区鼎新大讲堂举行，总结学校教育思想成就和办学成果，凝聚共识、大力解决制约学校建设发展面临的瓶颈问题，旨在明思想、正风气、抓长远、创一流

　　作为全国首批十所"三全育人"综合改革试点高校之一，学校制定并印发了《吉林大学"三全育人"综合改革建设方案》，全力推动"三全育人"工作走在全国前列。校领导定期深入一线调研"三全育人"工作，积极构建具有吉大特色的"全员、全过程、全方位"育人体系。全校上下锚定目标、聚力攻关，形成了一批可示范、可借鉴的育人成果。法学院、电子科学与工程学院、化学学院于2019年5月获评吉林省首批"三全育人"综合改革试点学院。以"三全育人"综合改革试点建设为契机，全校上下积极推动黄大年精神学习教育有机融入"三全育人"的全链条、全过程，取得了一定的成绩，达到了良好的教育效果。

附件1

首批"三全育人"综合改革试点单位名单

（排名不分先后）

一、试点省（区、市）

北京市　　　　天津市　　　　上海市　　　　浙江省　　　　湖北省

二、试点高校

清华大学　　　　　　中国人民大学　　　　　北京科技大学

东北大学　　　　　　大连理工大学　　　　　吉林大学

复旦大学　　　　　　同济大学　　　　　　　东南大学

重庆大学

2018年10月，教育部办公厅正式公布首批"三全育人"综合改革试点单位名单，吉林大学等10所高校入选

2020年是"三全育人"综合改革试点高校建设任务的攻坚年，是巩固成果、扩大战果、强化效果的关键之年。为深入贯彻落实习近平总书记关于教育的重要论述和全国高校思政工作会议、全国教育大会、学校思想政治理论课教师座谈会精神，学校以"全力攻坚'三全育人'综合改革试点任务，全面推进课程思政建设"为主题召开专题会议，加快构建具有吉大特色的思想政治工作体系和课程思政教学体系，激励全校为国家推进"三全育人"综合改革和课程思政建设增添吉大元素、提供吉大方案、贡献吉大力量。

2020年6月24日，学校召开加强"三全育人"工作暨课程思政建设推进会，校党委书记姜治莹出席并讲话，会议由校长张希主持

　　五年来，学校高位部署、严格把关，充分利用各种技术、手段和方法，将贯彻落实习近平总书记重要指示精神贯穿于思想政治教育始终，将黄大年精神学习教育融入教书育人的各个环节，推动建立黄大年精神学习教育的长效机制。学校积极创新思政教育载体方式，以座谈会、研讨会、党团活动、主题征文等多种形式，广泛动员各级党团组织、民主党派群体、校友团体开展主题分明、内容丰富的黄大年精神学习教育活动。积极推动第一课堂、第二课堂深度融合、相互促进，把黄大年先进事迹搬到课堂上、写进教材里，把黄大年纪念馆建设在校园中，确保师生学深悟透习近平总书记重要指示精神，确保师生深刻理解黄大年精神的实质内核。

浪花的足迹

2018年1月8日，纪念黄大年同志逝世一周年座谈会在地球探测科学与技术学院举行，时任校党委书记杨振斌、时任校长李元元参加座谈会

2020年5月21日，吉林大学留学人员联谊会举行"追忆黄大年·点亮中国梦"座谈会，时任校党委常务副书记蔡莉出席座谈会

黄大年精神凝聚着以爱国主义为核心的民族精神，蕴含着以改革创新为核心的时代精神，更浓缩和赓续着一代又一代吉大人的价值追求。学校录制了《黄大年的中国梦》《追寻吉林大学地学人才典型代表——黄大年的人生轨迹》《明灯　点亮信仰之光——学思践悟黄大年精神》等微党课，以黄大年故事感染人，用黄大年事迹引导人，使黄大年精神教育人。推出了"敢教日月换新天"音乐党史教育课、全国劳动模范主讲的劳动教育课、"师生同讲一堂课　红色精神代代传"系列党课、百名辅导员讲授的百堂"红色园丁礼赞百年"党史教育微课等形式各异的特色党课，深化"四史"教育，筑牢理想信念，使每一位师生心中有火、胸中有志、眼中有光。

通过丰富多彩的党性教育，广大师生从学中做、在做中学，思想和行动都统一到了学习黄大年精神上来。如今，聆听黄大年先进事迹、观看电影《黄大年》，已经成为吉林大学新生入学必修的"第一课"，更成为全校师生的"必修课"和"常修课"，激励广大师生见贤思齐、矢志奋斗。

2021年5月，在纪念习近平总书记对黄大年同志先进事迹作出重要指示四周年之际，马克思主义学院和党委宣传部联合推出"师生同讲一堂课 红色精神代代传"系列党课第一讲"明灯　点亮信仰之光——学思践悟黄大年精神"

浪花的足迹

在习近平总书记对黄大年同志先进事迹的重要指示引领下，在黄大年精神的激励下，学校持续推进思想政治教育工作创新走实。制定了《吉林大学加快构建思想政治工作体系实施方案》《吉林大学思想政治工作质量提升工程实施方案》《吉林大学全面推进课程思政建设工作实施方案》等工作文件，组织召开了吉林大学课程思政建设推进会议，发布了《关于贯彻落实〈教育部高等教育司关于深入推进高校课程思政建设的通知〉的通知》，在学校重点工作中融入思政元素、在亮点工作中体现思政内涵、在难点工作中解决思政瓶颈，进一步完善了党委统一领导、党政齐抓共管、部门协同联动、院系落实推进的思政工作格局。

2021年12月24日，吉林大学课程思政建设推进会在中心校区东荣会议中心召开

学校以专兼职辅导员、兼职班主任等为依托，大力建设包括系主任、系党支部委员、党员教师等在内的多层次思政工作队伍，不断提升思政工作

队伍的教育能力和业务水平，以新理念、新思想、新要求武装头脑、指导实践、推动工作，并逐步落实思政工作队伍编制配备和待遇保障。五年来，3名辅导员获全国高校辅导员年度人物提名奖。

五年来，"全国重点马克思主义学院"建设取得积极成效，马克思主义理论学科建设加速推进，思政课铸魂育人实效逐渐凸显。"课程思政"建设全面推进、质量显著提升，累计立项建设309门本科课程思政"学科育人"示范课程、188门研究生"课程思政示范课"建设项目，"力学（物理学类）""农业机械学"2门本科课程入选首批国家级课程思政示范课程，"力学""机电传动控制"等10门课程入选吉林省首批课程思政示范课程，"农业机械学""控制工程基础"等14门课程被确立为吉林省首批课程思政课程建设项目，16名教师被评为国家级课程思政教学名师和团队，吉林大学课程思政教学研究中心被认定为吉林省首批课程思政教学研究示范中心。

学生心理健康教育指导服务水平不断加强，《吉林大学心理育人专项实施方案》全面实施，学生心理成长发展空间进一步优化，高校思想政治工作创新发展中心（吉林大学，心理育人方向）、高校心理健康教育与咨询示范中心等重要育人基地获批建设，"五位一体"融合式心理育人的"吉大模式"得以构建。

提升管理效能

统一思想，迅速行动。五年来，学校自觉践行习近平总书记对黄大年同志先进事迹作出的重要指示精神，以服务师生需求为导向，紧密结合学校实际，大力提高学校的整体管理服务水平，推动管理服务工作更加规范化、科学化发展，取得了突破性进展。

学校各级机关是学校发展的主要支撑系统，承担着学校决策的建议、协调、落实、督办等工作，是承上启下、联系左右、沟通内外的中枢神经，机关各部门是这个中枢神经上至关重要的"关键点"和"联络站"。

为进一步理顺学校的管理体制和运行机制，提高学校机关整体运行效率和服务质量，全面提升学校治理体系和治理能力的现代化水平，2020年10月，学校组织召开了部分机关机构设置调整和职能职责优化工作动员会。随即，学校党委常委会审议通过了《吉林大学关于调整和优化部分机关机构设置和职能职责方案》，决定启动部分机关机构设置调整和职能职责优化工作。

2020年10月19日上午，吉林大学部分机关机构设置调整和职能职责优化工作动员会在中心校区鼎新大讲堂召开，校党委书记姜治莹以"统一思想 迅速行动 稳妥推进部分机关机构设置调整和职能职责优化工作"为题作动员讲话，校长张希主持会议并总结讲话

　　机关机构调整和职能优化是学校在前期充分调研论证的基础上，综合考量"改革、发展、稳定"而作出的审慎决定，具有鲜明的问题导向和目标导向，重在强化职能分工、理顺权责关系、优化资源配置、凝聚发展合力。

　　本次优化调整是学校"十四五"改革发展的序曲，是适应发展形势的刚需调整、是解决职能交叉的主动调整、是保持总体稳定的局部调整。优化和调整是在充分尊重办学规律、借鉴以往改革经验的基础上，根据新阶段学校发展建设的新目标新要求迈出的新步伐、提出的新举措。

　　机构改革涉及人员重组、涉及格局重塑，是涉及学校全局的重点工作。学校以提升学校治理体系和治理能力现代化水平为根本出发点和落脚点，把解决办学实际问题作为制定本次优化调整方案的核心目标，力争做到"全校一盘棋"，推动实现涉改部门从"物理整合"到"化学融合"的转变，使机关服务质量和管理效能有较大提升，顺畅高效地推动工作开展和事业发展。

　　2021年，学校以开展党史学习教育为契机，紧紧围绕落实立德树人根本任务、促进学校改革发展稳定、解决涉及师生切身利益的急难愁盼问题，坚持问题导向，扎实推进"我为师生办实事"实践活动走深走实，不断增强师生的获得感、幸福感和安全感。

　　在"我为师生办实事"实践活动中，秉承"一切为了师生、一切依靠师生、一切服务师生"宗旨，学校领导班子成员为牵头责任人，相关机关职能部门、院级党组织为责任单位，深入基层、调研走访、体察需求，建立工作台账，"销号"落实清单，切实从办事机制、环境整治、交通条件等方面聚焦师生关切，解决急难愁盼、顽瘴痼疾的师生难题。国内首个校园短号码"961946"学生事务服务热线平台正式开通后，与校内49家单位共建"层级式"管理服务网络，堪称"校园事务的总客服""联系师生的桥头堡"。"最多跑一次"改革、"一张表"软件平台建设全面推进，师生实体办事大厅与网上办事大厅深度融合发展，通过数据"多跑路"换取师生"少跑腿"，极大地提高了师生的满意度。

2021年12月29日，吉林大学"961946"学生事务服务热线开通仪式举行，校党委书记姜治莹、校长张希与学生代表共同按下启动球，国内首个高校短号码服务热线正式开通

为进一步推动学校事业高质量内涵式发展，全力解决机关管理服务效能上存在的现实问题，打通发展痛点堵点，寻找发展增长点，2022年，学校将"机关管理服务效能提升攻坚行动"作为工作重点，制定并发布"完善制度体系攻坚战""干部队伍建设攻坚战""改进机关工作作风攻坚战""优化职能职责攻坚战""建设智慧吉大攻坚战"五场攻坚战的工作方案，全面启动推行"机关管理服务效能提升攻坚行动"。

学校专门成立"机关管理服务效能提升攻坚行动"领导小组和五个专项工作组，紧密围绕"提质增效"的攻坚目标，实施具体措施，强化协同联动，健全监督机制，着力解决"三点、两短板"即制度空白的漏点、体制机制的堵点、干部做法的难点以及信息化建设短板、干部队伍建设短板，激励机关干部将服务意识内化于心、管理能力外化于行，持续提升机关管理服务水平和综合治理能力，营造干事创业、奋勇争先的工作氛围。

2022年3月7日，机关管理服务效能提升攻坚行动专题工作会议在吉林大学中心校区鼎新楼召开，校党委常务副书记冯正玉参加会议并主持

开展"机关管理服务效能提升攻坚行动"，是落实党中央重大决策部署的现实需要，是推动学校建设发展的现实需要，也是落实学校第十五次党代会精神的现实需要，是学校党委结合发展实际提出的破题之法、破冰之道和破局之策，对于学校充分发挥高等教育"国家队"重要作用、乘势而上开新局、扬帆起航再出发、建设中国特色世界一流大学具有重要意义。

推动战略实施

贯彻落实习近平总书记重要指示精神，既是落实立德树人根本任务的政治要求，也是学校高质量内涵式发展的重要遵循。在学校发展建设改革攻坚的发力期、船到江心的关键期和爬坡过坎的负重期，学校党委多次组织召开"三大工程"重点任务推进工作会议，校领导多次走进分管部门或单位实地调研，全校上下锚定目标、精准施策，将"三大工程"战略纳入学校"十四五"发展规划和年度工作要点，作为学校发展的破冰方向、破题抓手和破局关键。

全力打造"引领工程"战略，推动"书记开局项目"与"引领工程"的有效衔接，制定《吉林大学"引领工程"争先行动实施方案（2021—2024）》，大力推进课程思政攻坚行动计划、科研育人引航行动计划、重点马院领军行动计划、文化铸魂行动计划、强师行动计划、日常思政固本行动计划、服务育人提质行动计划、考核评价创优行动计划八项核心任务，着力构建"吉大特色的思政工作体系"。

全力打造"平台工程"战略，制定《吉林大学"平台工程"建设提质增效实施方案（2021—2025年）》，深入实施"1+5专项工程"，即把一流学科建设作为"首要工程"，作为推进"平台工程"建设的主线和根本，统领并协调推进一流人才培养的"核心工程"、高层次人才引育的"强基工程"、高水平科研平台的"提质工程"、高水准国际合作的"精品工程"、医学+X交叉创新"融合工程"五个专项工程，着力构建"良性互动的学科生态体系"。

全力打造"基础工程"战略，制定《吉林大学"基础工程"治理效能提升实施方案（2021—2025年）》，进一步明确了建设完备的制度体系、建设高效的实施体系、建设严密的监督体系和建设有力的保障体系四项工作目标，着力构建"现代科学的学校治理体系"。

"三大工程"是落实学校"十四五"战略规划的重要抓手，是统领学校未来五年发展的顶层设计。学校将"引领工程"的工作目标定位在"争先进"上，力争在全国处于领先发展、引领发展的位置，实现从优到强；将"平台工程"的工作目标定位在"求突破"上，力争以更多"点"上的破局带动"面"上的提升，实现从有到优；将"基础工程"的工作目标定位在"补短板"上，力争把治理效能的提升，转化为师生满意度的提升，实现从弱到强。"引领工程""平台工程""基础工程"三者在责任主体上具有交叉性、在目标指向上具有同一性、在发展进程上具有互促性，共同构建起学校事业发展的"四梁八柱"。

2022年8月22日，吉林大学召开"三大工程"建设专题推进会，校党委书记姜治莹出席会议并讲话，校长张希主持会议

浪花的足迹

在"三大工程"战略的推动下，学校弘扬践行黄大年精神的有效路径持续拓宽，学校培养更多黄大年式优秀人才的体制机制和文化环境不断优化，学校建设中国特色、世界一流大学的核心目标正逐步实现。

在擘画蓝图、砥砺奋进的征程中，在建设中国特色、世界一流大学的进程里，习近平总书记的重要指示时刻萦绕在吉大师生脑海，黄大年精神的深刻内涵已然浸润于吉大师生血脉，激荡出吉大理想，彰显出吉大担当，汇聚成吉大力量。

追 忆——

五年来，学校党委抓实抓细学习黄大年精神主题教育活动，以互动参与、实践体验、文艺共情等方式，追寻黄大年的人生轨迹，追忆黄大年的先进事迹，追思黄大年的奋斗历程，让黄大年精神融入血脉、代代传承。

溯源成长历程

学校以习近平总书记重要指示精神为统领，充分发挥黄大年精神发源地的示范引领作用，坚持不断收集、整理、挖掘、丰富黄大年先进事迹素材，追溯黄大年的成长历程，追忆黄大年"大写的人生"。

黄大年于1958年出生在广西南宁一个知识分子家庭。他的父母是广西地矿部门的教师，随着父母工作变动，黄大年在广西多地生活过。他的小学经历了3个学校，南宁市园湖路小学、桂林市鲁山红专小学、广西贵县西江农场小学（现贵港市达开实验小学）；初中就读于罗城牛毕地质子弟学校；高中就读于贵县附城高中（现贵港市港北区高级中学）。高考前，黄大年曾在广西第六地质队工作。

1977年，全国恢复高考，19岁的黄大年考上了长春地质学院（现吉林大学地学部）。研究生毕业后，他选择留校任教，自此开启了为之奋斗一生的事业。

2018年5月，中国科学技术协会"黄大年学术成长资料采集工程"项目正式立项。项目团队由学校党委宣传部、档案馆、国际合作与交流处、地球探测科学与技术学院的业务骨干组成，吉林大学预科教育学院院长、地球探测科学与技术学院原党委书记高淑贞研究员担任项目负责人。经过专业培训，项目团队取得了相关认证资质，于2018年6月正式启动了黄大年学术成长资料的采集工作。

2018年7月，柳江岸边，黄大年初中生活学习的地方

项目团队成员围绕黄大年的求学历程、师承关系、工作经历、科研成绩、人才培养、同行评价等内容，采集了大量口述历史、事迹故事、实物及影音等资料。他们穿梭于广西南宁、贵港、容县、罗城、桂林、肇庆等地，行走在村镇、巷口、校舍、旧宅、地质队，探访了黄大年整个少年、青年时期的故友，进一步保障了资料采集的首尾闭合、无缝衔接、环环相扣。

截至目前，团队成员已访谈黄大年的亲属、老师、同学、学生、生前好友、科研伙伴等共76人，录制音视频访谈资料4 834分钟，整理访谈录85万字，采集实物资料300余件。

其中，团队成员采集到黄大年2009年归国前完成的论文作品共8件，分别为：

黄大年于1986年完成的长春地质学院（现吉林大学地学部）硕士论文《重、磁地球物理资料解释的模式识别系统及其应用》；

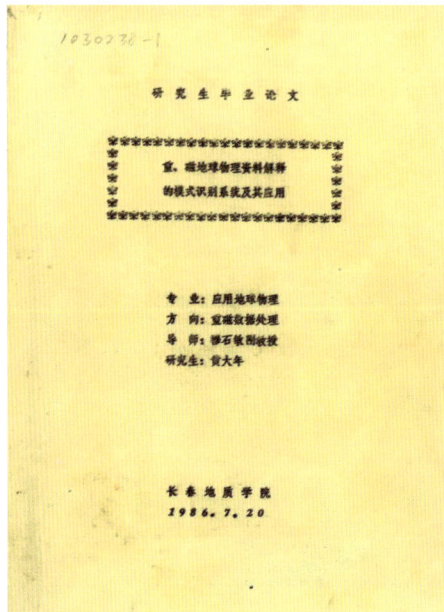

黄大年于1986年完成的硕士论文《重、磁地球物理资料解释的模式识别系统及其应用》

黄大年于1987年编制的科研项目实施文件《遥感信息与其他地学数据综合图像处理技术及应用研究专题设计书——物探数据的特征空间形式分析》；

黄大年于1990年负责完成的"七五"部控科研项目三级课题结题报告《重磁异常特征分析与识别》；

黄大年于1991年出国学习之前完成的4件计算机程序打印修改稿（工作文档）；

黄大年于1996年完成的LEEDS大学博士论文《位场源体识别自动解释技术的优化方法研究》（*Enhancement of Automatic Interpretation Techniques for Recognizing Potential Field Sources*）（由黄大年家属捐赠）；

黄大年于1997年撰写的学术论文《高分辨率磁重数据处理及综合解释方案》（*High Resolution Magnetic and Gravity Data Processing and Combined Interpretation Scheme*）；

黄大年于2001年在SEG（国际勘探地球物理学家学会）学术会议GRAVITY GRADIOMETRY WORKSHOP（FILES）（重力梯度工作坊）上的交流论文；

黄大年于1997年至2004年撰写的6篇工作技术文档。

除上述论文作品外，还有包括黄大年少年画作、青年诗作，本科毕业设计记录，读研期间野外工作笔记，本科生课程备课笔记，以及1993年至2001年间英文版学习笔记在内的24件手稿笔记。

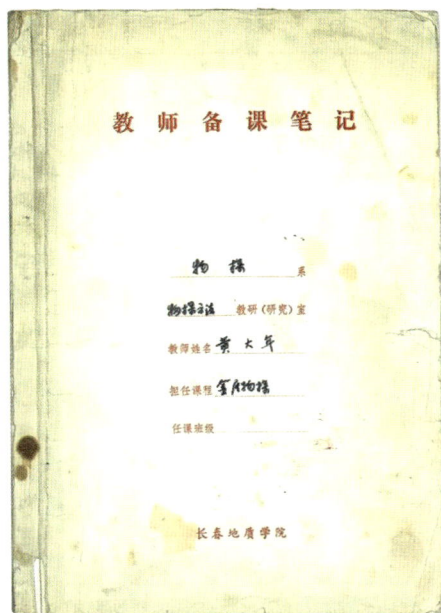

黄大年于长春地质学院（现吉林大学地学部）任职时的教师备课笔记本

团队整理的资料时间跨度长、空间覆盖广，归档规范、脉络清晰，体现了黄大年学术成长经历与地球探测科技发展、国家地质教育发展大背景的紧密结合。在"黄大年学术成长资料采集工程"项目团队成员的共同努力下，形成了许多珍贵的黄大年精神研究"一手"资料。随着项目的不断推进，黄大年生涯年表逐步完善，黄大年学习、生活、工作中的真实形象逐渐被还原，黄大年精神的呈现也将更加鲜活……

深切纪念缅怀

　　每逢黄大年逝世周年纪念日、清明节等时间节点，学校都会组织开展追思、祭扫等活动。通过这些纪念活动，黄大年的先进事迹再一次被重温，广大师生再一次受教育、被洗礼，知史爱校的热潮再一次被掀起。

　　五年来，黄大年雕像塑成、黄大年纪念碑落成、黄大年铜像揭幕、黄大年生前实物用品展举办，师生们睹物思人、寄物思情，对黄大年的追思之情不断加深。

2017年9月19日，吉林大学举行黄大年雕像捐赠暨纪念室揭牌仪式，时任校党委书记杨振斌、时任校长李元元为黄大年雕像揭幕

2020年1月8日，吉林大学举行黄大年同志纪念碑落成揭幕仪式，时任校党委书记杨振斌出席活动

2021年5月25日，吉林大学举行黄大年铜像捐赠仪式暨黄大年用品实物展，校党委书记姜治莹与时任吉林艺术学院院长郭春方共同为黄大年铜像揭幕

浪花的足迹

对黄大年的追忆和纪念，不仅是对黄大年精神的传承，更是一堂堂生动的党课，激励广大师生深刻铭记黄大年心有大我、至诚报国的崇高品德，孜孜以求、勇于探索的科学精神和无私奉献、甘为人梯的大家风范，将对黄大年的追思之情化作坚定的信念、务实的态度、创新的激情和干事的动力。

黄大年的毕生追求是实现国家富强、民族振兴，这也是全体吉大人的共同心愿。在黄大年精神的激励下，吉大师生矢志不渝、勤耕不辍，坚定地以黄大年为榜样，为中华民族伟大复兴的中国梦贡献吉大人的智慧与力量，谱写着属于吉大人的辉煌篇章！

2018年1月8日，黄大年同志逝世一周年纪念活动在吉林大学地质宫举行，时任校党委书记杨振斌、时任校长李元元参加活动

2020年1月7日，在黄大年同志逝世三周年之际，吉林大学师生代表在黄大年纪念馆开展追思活动

2020年5月24日，在黄大年同志纪念碑前，吉林大学师生举行祭扫仪式

浪花的足迹

2021年5月21日，吉林大学举行"传承楷模精神 接续奋斗历程"纪念活动

2022年1月7日，在黄大年同志逝世五周年纪念日前夕，吉林大学师生代表举行追思纪念活动

拓展学习阵地

　　黄大年逝世后，他生前的办公室原址被改建为"黄大年纪念室"。2017年9月，"黄大年纪念室"扩建更名为"黄大年纪念馆"。纪念馆占地面积约340平方米，由办公室、荣誉室和图片实物展区组成，通过图片、文字和实物相结合的方式，真实记录了黄大年在吉林大学学习、生活、工作的点点滴滴，展示了黄大年归国后在科研领域取得的成果和突出贡献。

　　五年来，学校以黄大年纪念馆为阵地，大力宣传黄大年同志先进事迹，助力构建实践育人课堂，把纪念馆打造成了党史教育、科学家精神教育、师德师风建设和思政教育的坚强阵地和红色名片。党和国家领导人及教育部、国家侨联、中央巡视组、中央宣讲团、吉林省委、长春市委等多位领导同志走进黄大年纪念馆参观学习，对黄大年纪念馆的建设情况给予了高度评价。

浪花的足迹

2017年6月4日，时任吉林省委书记巴音朝鲁、时任教育部部长陈宝生参观黄大年生前工作场所，时任校党委书记杨振斌、时任校长李元元陪同参观

2020年5月25日，前来参加"长春市工会干部教育培训基地"揭牌仪式的时任长春市人大常委会副主任、总工会党组书记、主席甘琳，时任长春市总工会副主席崔维国等领导同志，参观了重新布展的黄大年纪念馆和反映黄大年同志先进事迹及卓越成就的专题图片展《传承》，校党委书记姜治莹、校长张希参加活动

　　2021年9月12日，吉林省委书记景俊海走进黄大年纪念馆，在黄大年同志的手迹、遗物、照片等展品前驻足凝视，深入学习黄大年同志的先进事迹，详细了解黄大年式教师团队教学科研育人成果，吉林省委常委、时任省委秘书长胡家福，副省长安立佳，校党委书记姜治莹参加活动

　　2021年10月23日，中国侨联原党组成员、副主席隋军一行参观黄大年纪念馆，校党委书记姜治莹陪同参观

浪花的足迹

　　2021年11月23日，学习贯彻党的十九届六中全会精神中央宣讲团成员、中央党史和文献研究院原院长、全国人大教科文卫委员会副主任委员冷溶参观黄大年纪念馆，校党委书记姜治莹陪同参观

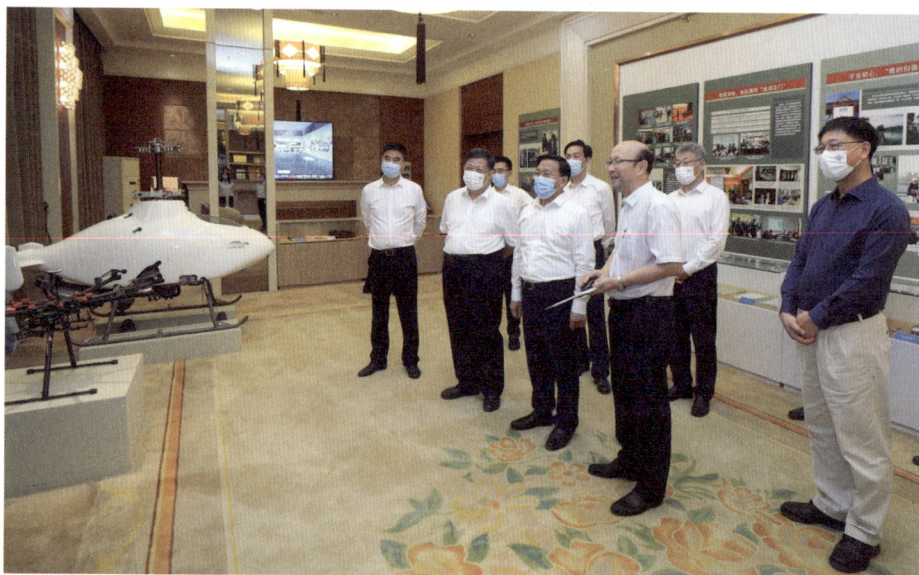

　　2022年8月11日，吉林省委副书记、省长韩俊参观黄大年纪念馆，吉林省委常委、长春市委书记张志军，校党委书记姜治莹、校长张希，吉林省人民政府秘书长安桂武陪同参观

2022年8月18日，中国侨联党组成员、副主席程学源一行到黄大年纪念馆调研

2021年，为满足社会公众在常态化疫情防控下的参观需求和对新时代科学家精神的领悟需求，"黄大年纪念馆数字展馆"启动建设。2022年5月，"黄大年纪念馆数字展馆"正式开通线上同步参观。

在习近平总书记对黄大年同志先进事迹作出重要指示五周年之际，黄大年纪念馆以"黄大年精神的档案记忆"为主题举办专题讲座，面向全校师生开展了"黄大年纪念馆数字展馆"的沉浸式参观，以50余件黄大年生前不同人生阶段的代表性实物，生动再现了其背后蕴含的鲜为人知的故事，对黄大年精神进行了全新解读，引领参与师生深切感受科学家的成长历程，从中获得精神启迪。

黄大年纪念馆建成以来，累计承担了线上、线下千余场次、5万余人次的参观讲解工作，向社会公众全面、全方位地讲述了黄大年故事、展示了黄大年事迹。纪念馆面向全国大、中、小学不同教育阶段的学生开展地学科普、专业认识和本科招生宣传教育，引领参观者跨越时空，与黄大年隔空对话，直观感受新时代科学家精神。

五年来，黄大年纪念馆获评国家首批"科学家精神教育基地"，获批"吉林省师德师风教育基地""吉林省党性教育基地"和"长春市党史教育基地""长春市工会干部教育培训基地""长春市关心下一代党史国史教育基地"等多项教育基地称号，黄大年精神学习教育阵地的作用不断凸显。

2020年5月25日，校党委书记姜治莹和时任长春市人大常委会副主任、总工会党组书记、主席甘琳共同为"长春市工会干部教育培训基地"揭牌

培根枝叶茂，铸魂桃李香。在梳理黄大年先进事迹、深化黄大年精神教育的过程中，全校师生得以更加真实地走近黄大年、更加真切地了解黄大年，从而更加怀念黄大年、敬仰黄大年，更加受到黄大年精神的激励和鼓舞。

镌 刻——

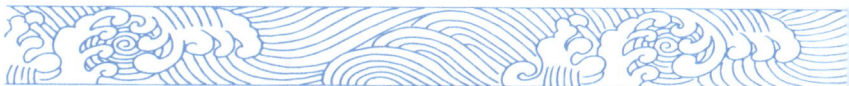

五年来，学校党委不断巩固扩大学习宣传、弘扬实践黄大年精神的成果，激励师生将黄大年事迹根植于心、将黄大年精神薪火传承，使黄大年的感人事迹和卓越贡献得到全社会的高度评价，持续产生热烈反响和强烈共鸣。

强化宣传阐释

　　《人民日报》、新华社、中央广播电视总台、《光明日报》等50余家新闻媒体积极采访、报道黄大年先进事迹，持续推出一系列有深度、有温度、有力度的宣传报道，形成网络新闻资讯40余万篇，使黄大年先进事迹在全社会汇聚形成强大的正能量。校内专家、学者在《人民日报》《光明日报》《求是》等重要刊物重要版面发表系列评论、追忆文章等300余篇，持续加强研究阐释黄大年精神的价值意蕴，深化对黄大年精神的再思考、再诠释。

　　在习近平总书记对黄大年同志先进事迹作出重要指示五周年之际，吉林大学党委书记姜治莹在《人民日报》发表署名文章《心有大我　至诚报国》，中国科学院院士、吉林大学校长张希在《光明日报》发表署名文章《黄大年：从科学家到战略科学家》，中国科学院院士、吉林大学化学学院教授于吉红在人民网发表署名文章《踔厉奋发 笃行科技报国之志——写在习近平总书记对黄大年同志先进事迹作出重要指示五周年之际》……这些文章阐明了习近平总书记的重要指示和重要回信精神对学校发展所产生的重要意义和作用，分享了如何成为战略科学家的独到见解，表达了广大科技工作者奋进新征程、建功新时代的信心和决心。

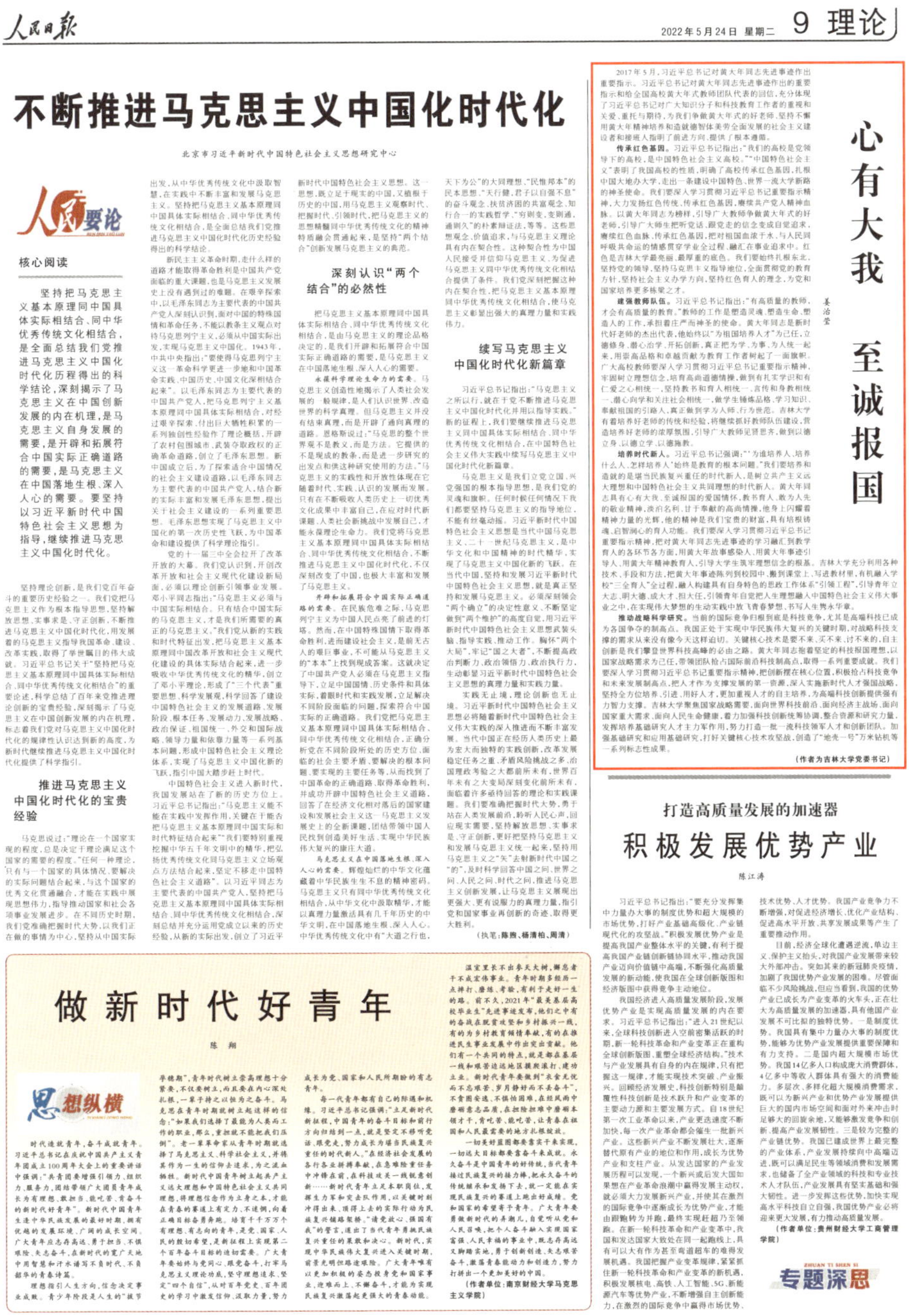

人民日报 2022年5月24日 星期二 **9** 理论

不断推进马克思主义中国化时代化

北京市习近平新时代中国特色社会主义思想研究中心

心有大我 至诚报国

姜治莹

（作者为吉林大学党委书记）

打造高质量发展的加速器
积极发展优势产业

陈江涛

（作者为贵州财经大学工商管理学院）

做新时代好青年

陈翔

思想纵横

（作者为南京财经大学马克思主义学院）

2022年5月24日，校长张希在《光明日报》发表署名文章《黄大年：从科学家到战略科学家》

踔厉奋发 笃行科技报国之志——写在习近平总书记对黄大年同志先进事迹作出重要指示五周年之际

吉林省科协主席、中国科学院院士 于吉红

2022年05月24日16:00 | 来源：人民网-吉林频道

今年是习近平总书记对黄大年同志先进事迹作出重要指示五周年。重温总书记指示精神，让我们深受鼓舞、倍受振奋。黄大年同志是新时代科技工作者的杰出楷模和学习典范，用毕生精力奉献给祖国的教育科研事业，用生命诠释了何谓无私的人生肝胆，为我们树立起新时代科技工作者的精神丰碑。习近平总书记的重要指示，深刻阐明了黄大年精神的时代内涵，饱含为民为国、心怀大我、至诚报国的爱国情怀，教书育人、敢为人先的敬业精神，淡泊名利、甘于奉献的高尚情操，极大地激励和鼓舞着科技工作者。习近平总书记的重要指示，更是对我们的鞭策和鼓励，对科技工作者肩负时代重任和历史使命作出了明确要求。

五年来，吉林省广大科技工作者认真贯彻落实习近平总书记重要指示精神，学习践行黄大年精神，坚持建设世界科技强国的奋斗目标，攻坚克难、勇攀高峰，在高水平科研平台建设中交叉融合、联合创新，在教育工作中为人师表、立德树人，在高层次人才队伍建设中慧聚英才、甘为人梯，推动了一批关键核心技术实现自主创新，在开放合作中不断提升自身科技创新能力，为党和国家培养了一批具有战略科学家潜质的高层次复合型人才。在习近平总书记重要指示精神的指引下，黄大年精神的火种在吉林大地深耕细作，薪火相传，涌现出一批以黄大年名字命名的"全国高校黄大年式教师团队"和"吉林省黄大年式科研团队"，取得了一系列突破性成果：实现了航空重力梯度仪器从0到1的突破；创立了油气资源多元勘探理论和流地结构成油气源探索方法技术；在全球推击抗智能识别机吧识别技术标定方法为我国第次建立了基于自动识别方法的精准甲捕准技数标率；让未来科技国际合作的体实验室加强提升创新性科技攻关；世界领先频突发尖高速摩卡检测两车轨道，创造了高铁轨道车组列车网纵和隧道交会速度世界记录；"吉林一号"星座在轨卫星数量达到54颗，建成了我国目前最大的商业遥感卫星星座；开创性地建立了完整的物质科学人才培养和学术发展体系，获习近平总书记点赞的"小木耳、大产业"为决胜脱贫攻坚作出了重要贡献……累累硕果为推进高水平科技自立自强和吉林省经济社会发展注入了强劲动能。

吉林省黄大年同志奋斗过的地方，是黄大年精神的发源地。更好地学习、继承、发扬黄大年精神是吉林省广大科技工作者的大使命。省科协作为省委省政府联系科技工作者的桥梁和纽带，将持续深入贯彻落实习近平总书记重要指示精神，大力弘扬科学家精神、传承黄大年精神，团结引领广大科技工作者，忠诚践行习近平新时代中国特色社会主义思想，深刻认识"两个确立"的决定性意义，进一步增强"四个意识"、坚定"四个自信"、做到"两个维护"，围向世界科技前沿、面向经济主战场、面向国家重大需求、面向人民生命健康，紧密围绕"一主六双"高质量发展战略实施，踔厉奋发、实干笃行，为新时代吉林全面振兴全方位振兴凝聚磅礴力量。

强化政治引领，激发广大科技工作者奋进新征程，建功新时代的信心和力量。以迎接学习宣传党的二十大为主线，深入学习贯彻习近平新时代中国特色社会主义思想，运用科技有道通载体和手段，广泛开展理论学习和宣传，引导科技工作者深刻认识"两个确立"的决定性意义，常态化效深化以党史学习教育为主的"四史"学习宣传；广泛开展"吉林省最美科技工作者"学习宣传活动，深入挖掘一批激党爱国爱社会主义、坚持科技为民把论文写在祖国大地上的优秀科技工作者典型，引导科技工作者把个人理想追求融入实现国家富强、民族振兴、人民幸福的伟业之中；加强科技道德和学风建设，举办好"同上一堂科学家精神大课"活动，大力弘扬爱国、创新、求实、奉献、协同、育人的中国科学家精神，在全社会营造尊重知识、崇尚创新、尊重人才、热爱科学、献身科学的浓厚氛围。

围绕中心服务大局，打造学术、科普、智库工作新阵地，为科技工作者施展抱负搭建平台、提供渠道。以"科创中国"试点城市建设、"院士专家基层行"和省科协市会等一系列助力创新驱动发展的品牌活动，引领广大科技工作者在创新驱动建设中主动作为；以科技助力乡村振兴专家服务行动、科技惠农等一系列惠及农业农村现代化的品牌活动，引领广大科技工作者在推进全面乡村振兴中主动作为；以"科协大讲堂"、全国科普日暨吉林省科普月、青少年科学节等一系列弘扬科学精神、普及科学知识的品牌活动，引领广大科技工作者在推动科学素质建设高质量发展中主动作为。

大力激发人才活力，加强服务科技人才，打通激发创新创造活力。做好科技人才的联系服务工作，深入开展"我为群众办实事"实践活动，着力解决科技工作者急愁盼的问题，把党的关怀送到科技工作者心坎上；设立青年科技人才的发现和培养，持续实施"青年科技创英计划"，组织联系开展好吉林省青年科技奖评选表彰，实施青年科技人才托举工程和优秀科技专家资助计划等，促使更多优秀青年科技人才快速成长，早担大任。

百舸争流，奋楫者先；中流击水，勇进者胜。从"向科学进军"的伟大号召，到"创新驱动发展"的伟大指引，从"科学技术是第一生产力"的重要论断，到"努力实现高水平科技自立自强"的重大部署，时代赋予广大科技工作者的重要历史使命。吉林省科协将更加坚定信念、凝聚力量、顽强拼搏，让黄大年精神永远激励我们在实现第二个百年奋斗目标、实现中华民族伟大复兴的新征程上不断创造新业绩、铸就新辉煌，以实际行动迎接党的二十大胜利召开！（来源：吉林省科协）

（责编：李思玥、谢龙）

2022年5月24日，中国科学院院士、吉林大学化学学院教授于吉红在人民网发表署名文章《踔厉奋发 笃行科技报国之志——写在习近平总书记对黄大年同志先进事迹作出重要指示五周年之际》

学校积极开展黄大年精神宣传弘扬工作，在《吉林大学报》特设纪念和学习专栏，推出黄大年精神专题学习网站，拍摄制作纪录片《大年》、工作纪实片《传承》、工作回顾《赓续传承兴伟业 砥砺前行铸辉煌》等视频，参与编辑出版多部黄大年同志先进事迹学习读物，不断深化师生的思想认识。其中，《心有大我 至诚报国：黄大年》入选"2017年度中国30本好书"，书中记述了黄大年为我国教育科研事业作出的突出贡献，抒写了黄大年同志对事业倾尽全力、对国家不图回报的崇高境界。

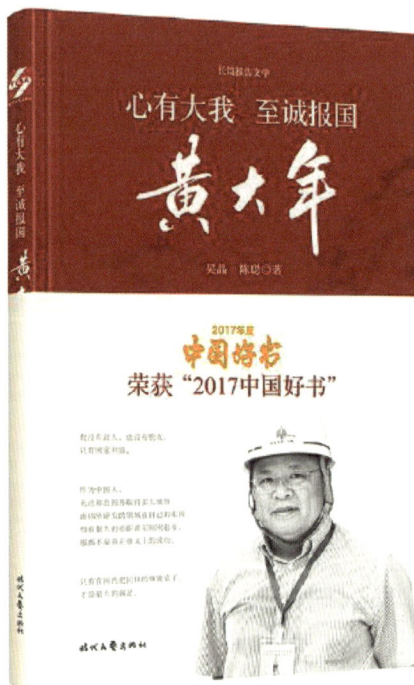

《心有大我 至诚报国：黄大年》入选"2017年度中国30本好书"

塑造艺术形象

　　作为黄大年精神的发源地，学校通过大众喜闻乐见的方式，深入挖掘、刻画黄大年艺术形象，持续发挥黄大年的"时代楷模"形象在育人中的培根铸魂作用。

2017年10月12日，在党的十九大召开前夕，电视剧《黄大年》在央视一套黄金时间播出

2018年12月11日，电影《黄大年》全国首映式在人民大会堂举行

2018年12月12日，电影《黄大年》在全国院线上映

2018年12月12日，电影《黄大年》吉林省首映礼在吉林大学举行

学校协助吉林电视台拍摄电视剧《黄大年》，于党的十九大召开前夕在央视一套黄金时间播出，同时段收视率全国第一。作为共同制作单位，学校配合长春电影制片厂拍摄了电影《黄大年》。影片在全国院线上映后反响热烈，成为全国开展黄大年精神学习活动的重要素材。电影《黄大年》荣获国防军事电影优秀影片奖，成为2021年全民国防教育"万映计划"重点推介影片。

在诠释黄大年艺术形象的过程中，学校追求卓越、鼓励创新，原创精品力作迭出。由师生自排自演的原创话剧《黄大年》入选中国科协"共和国的脊梁——科学大师名校宣传工程"、入围教育部"高校原创文化精品推广行动计划"，并在校内外多次展演。原创音乐剧《黄大年》获立国家艺术基金大型舞台艺术创作项目，圆满完成校内外10余场巡演任务，引起了强烈的社会反响。原创微歌剧《我们的大年》、原创微电影《战略科学家——黄大年》、原创歌曲《有这样一个人》、原创情景剧《我想和您通个电话》，既彰显了学校与时俱进、风格鲜明的文化特色，更使得黄大年形象深入人心。

2018年9月28日，吉林大学原创话剧《黄大年》成功首演

2018年11月30日，吉林大学原创音乐剧《黄大年》成功首演

五年来，重温习近平总书记的重要指示，传承和弘扬黄大年精神，成为吉林大学独特的校园文化。"地质宫的灯光"纪念黄大年教授专题晚会、"归来，黄大年"主题音乐诗会、"心有大我·至诚报国"主题纪念诗话会等多场文艺演出，引发了师生的情感共鸣，使师生更加真切地感受到黄大年的个人魅力、更加近距离地体会到吉林大学的校园文化气息。

2018年1月8日，吉林大学举办纪念黄大年同志逝世一周年主题诗会

　　2018年5月25日，在纪念习近平总书记对黄大年同志先进事迹作出重要指示一周年之际，吉林大学举行"心有大我·至诚报国"主题纪念诗话会

2020年1月8日，吉林大学举行纪念黄大年同志逝世三周年诗话会

2020年5月23日，吉林大学举办纪念习近平总书记对黄大年同志先进事迹作出重要指示三周年主题诗话会

推广宣讲教育

在一次次的传播宣讲中，黄大年精神走出校园、走向社会，黄大年精神的火种凝聚起共筑梦想、矢志报国的磅礴力量。

中央电视台《"时代楷模"发布厅》节目专程走进吉林大学，进行现场录制并举行追授黄大年同志"时代楷模"荣誉称号发布仪式。学校领导、师生代表受邀登上中央电视台"好大一棵树"教师节专题晚会、"科技盛典"颁奖典礼、"感动中国2017年度人物"发布典礼等具有广泛社会影响的节目舞台，讲述黄大年事迹、传播黄大年精神。

2017年5月22日，中共中央宣传部在吉林大学举行追授黄大年同志"时代楷模"荣誉称号发布仪式

　　2018年3月1日，2017年度感动中国人物颁奖盛典举行，黄大年当选"感动中国2017年度人物"（团队成员于平代其领奖）。颁奖词为："作别康河的水草，归来做祖国的栋梁，天妒英才，你就在这七年中争分夺秒，透支自己，也要让人生发光，地质宫五楼的灯，源自前辈的薪传，永不熄灭"

中组部、中宣部、教育部、科技部、中国科协、吉林省委和吉林大学于2017年6月联合组建了黄大年同志先进事迹报告团。五年来，黄大年同志先进事迹报告团走进人民大会堂、国家有关部委、企业、高校、部分省市区、重要行业领域单位及吉林省各地市州，开展了不同规模的宣讲报告300余场。逾百万人次受众现场聆听或通过网络在线收听宣讲报告，深受黄大年先进事迹感动。相关宣讲报告内容被收录于中共中央宣传部编印的《党的"两学一做"辅导读本》，相关宣讲视频被国家教育行政学院纳入培训教材。

2017年7月3日，黄大年同志先进事迹报告会在人民大会堂举行，引起社会各界强烈反响

浪花的足迹

2018年1月8日，在黄大年教授逝世一周年纪念日，黄大年同志先进事迹报告会在吉林大学鼎新大讲堂举行

2019年1月3日，在黄大年教授逝世两周年纪念日前夕，黄大年同志先进事迹报告会在湖北省举行

2020年5月24日，吉林大学线上举行黄大年同志先进事迹报告会

报告会现场观众聆听黄大年同志先进事迹报告时，深受黄大年先进事迹感动

　　黄大年所从事的研究领域，对于大多数人而言，是陌生的。但是作为一位世界级的权威专家，黄大年的先进事迹，却是我们所熟悉的。他身上兼具工匠精神风骨和知识分子情怀，他独特的个人魅力，使宣传阐释和艺术诠释中的黄大年形象，鲜活生动、熠熠生辉。

铸 魂——

五年来，黄大年精神已经熔铸于吉大师生的精神血脉，在价值、信念、行动上引领着吉大师生诠释不忘初心、志存高远的使命，践行勇于担当、砥砺前行的誓言，谱写心有大我、至诚报国的赞歌。

传承红色基因

　　吉林大学的历史是一部传承红色基因、赓续红色血脉的成长史，也是一部听党指挥、为党育人的发展史。六脉汇一的吉林大学扎根中国大地、根植东北沃土，六所彪炳史册的高等学府自诞生之日起，就承载着党和国家的希望，与时代同呼吸、与民族共命运。

　　建校初期，大师云集、群贤毕至，奠定了学校浓烈厚重的文化底蕴和爱国敬业的精神根基。先生们怀瑾握瑜、德厚流光，激励着一代又一代的吉大人砥砺奋进、赓续传承。得益于先贤的润泽，黄大年把这种流淌在血液中的红色基因深植于心、付诸于行，在入党志愿书上写下了"人的生命相对于历史的长河不过是短暂的一现，随波逐流只能是妄自一生，若能作一朵小小的浪花奔腾，呼啸加入献身者的滚滚洪流中推动人类历史向前发展，我觉得这才是一生中最值得骄傲和自豪的事情"。这是黄大年在入党志愿书中写下的夙愿，更是他一生追梦的真实写照。

　　红色基因中蕴藏着勇气与力量、迸发出责任与担当。红色基因开拓了黄大年的精神维度，让信仰之火熊熊燃烧，为价值坐标锚定方向，使他更加坚定地、更加无畏地一路前行。

　　"振兴中华，乃我辈之责！"这是黄大年在同学的毕业纪念册上写下的留言。秉承着这一志向，黄大年在获得"中英友好奖学金项目"的全额资助后赴英国攻读博士学位，成为当时30个公派出国留学生中的一员。出国前，他坚定地对同学说："我一定会把国外的先进技术带回来。"

1982年1月，黄大年在同学的毕业纪念册上留言"振兴中华，乃我辈之责！"

获得博士学位后，黄大年第一时间返回长春地质学院（现吉林大学地学部）报到，兑现了学成归国的承诺。

不久，黄大年又被派往英国，在剑桥ARKeX航空地球物理公司担任高级研究员等职务。他带领研发团队取得的科研成果一直处于全球地球物理探测领域前列，他的团队也被同行公认为国际上最优秀的团队之一。

但他从未忘记对祖国的承诺，在祖国需要的时候，毅然放弃了国外优越的科研条件和安逸生活，回到吉林大学地球探测科学与技术学院担任一名普通的教授、博士生导师。他将个人成就与国家需求紧密结合，默默践行着一名科研工作者的初心和使命。他对祖国的真挚感情，已深入于骨髓、融化在血液中。

2013年9月，黄大年参加欧美同学会·中国留学人员联谊会成立100周年文艺汇演

黄大年精神内生于中华民族优秀的文化传统，始源于吉林大学深厚的红色基因。红色基因的一脉相承，使黄大年精神迸发出强大的前进动力，激励着广大师生坚守爱国之情、砥砺强国之志、实践报国之行。

夯实党建工作

习近平总书记的殷殷教诲和谆谆嘱托，激励广大师生深刻领会黄大年精神的内涵实质、查己思齐、比肩榜样，在学习中淬炼党性修养、磨砺政治品格，自觉做黄大年精神的传承者、追梦人、实干家。五年来，习近平总书记的重要指示精神和黄大年精神，赓续了一条又一条"爱校爱党爱国"的红色血脉，唱响了一曲又一曲"兴校强省报国"的时代赞歌，推动着学校的党建工作走深走实、见行见效。

学校始终把践行"两个维护"作为首要政治任务，加强党对学校工作的全面领导，认真执行"第一议题"制度，进一步健全落实总书记重要指示批示、党中央决策部署的工作机制。深入贯彻落实新时代党的建设总要求和新时代党的组织路线，坚持以党的政治建设为统领，扎实开展"不忘初心、牢记使命"主题教育和党史学习教育，领导班子示范引领、全校党员积极参与，取得了理论、制度和实践等方面的重大成效。全面落实两轮中央巡视整改任务，以扎实的整改成效，为学校事业发展提供坚实的政治保障。

五年来，学校新发展党员1.6万余名，为党的事业后继有人源源不断地提供着新鲜血液和有生力量。启动换届党组织换届工作，全面落实《中国共产党普通高等学校基层组织工作条例》，紧扣提升组织力，加快构建上下贯通、执行有力的学校党委、院级党组织、党总支、党支部和党员"五位一体"的组织体系，推动形成党的领导纵到底、横到边、全覆盖的工作格局。

黄大年生前所在的地球探测科学与技术学院党委坚持把黄大年精神传承与主题学习教育相结合，聚焦主线，落实"引领工程"。围绕弘扬黄大年精神等主题，讲授专题党课、思政课，做到全覆盖。选取黄大年同志家书、入党志愿书等励志题材，举办"初心讲堂""读·悟"系列党课60余场。成立学生野外实习临时党支部，将黄大年精神延伸到实习实践现场；在党性教育中，把学习传承黄大年精神、科学家精神、东北抗联精神相融合，崇德立信、见贤思齐。黄大年生前所在的地球探测科学与技术学院党委，入选全国高校首批党建工作"标杆院系"培育创建单位，获吉林省高校先进基层党组织、长春市"工人先锋号"等荣誉称号。

他生前所在的固体地球物理教工党支部以学习传承黄大年同志先进事迹、践行黄大年精神为主线，形成了党建引领发展的新时代基层党建新模式，被评为吉林省"新时代e支部"标准化、规范化组织生活示范点和"吉林大学先进党支部"，获批全国首批高校教师党支部书记"双带头人"工作室。党支部书记的相关工作案例"传承黄大年精神，以德施教育新人"入选2020年中组部与教育部联合编印的《基层党组织书记工作案例选编》。以其支部成员为主要成员的"移动平台探测技术"团队被评为"新中国70年最具影响力班组"。

彰显抗疫担当

新冠肺炎疫情的"大考"，是广大师生员工学深悟透习近平总书记重要指示精神、弘扬践行黄大年精神的最好检验。面对历次复杂严峻的新冠肺炎疫情防控形势，全校上下秉持"心有大我、至诚报国"的坚定信念，同心协力、主动出击，全力打赢校园疫情防控阻击战。

教育部和省市领导全力支持、学校领导驻校工作、教职员工协力担当、校内学子积极配合、学生家长真心理解、广大校友倾囊相助、社会各界关心关注，凝聚起众志成城、共克时艰的坚固屏障，形成了步调一致、共进共退的战疫合力，彰显出"人比山高、脚比路长"的精神力量，生动谱写了全校师生员工全力以赴、抗击疫情的辉煌篇章，为吉林省乃至全国教育系统疫情防控工作贡献了"吉大经验"。

2022年3月，吉林本土新冠疫情暴发，吉林大学实施校园全封闭管理，经历着一场形势最严峻、挑战最直接、工作最复杂的疫情"大考"，一句"孩子们，我们一定会把饭供上"，感动不少网友，被各大媒体转发，引发社会各界广泛关注和热议，赢得了学生家长的高度信任和充分肯定

在全国和吉林省历次疫情防控严峻时刻，学校各附属医院医护人员白衣执甲、逆行出征，为护佑人民生命健康作出了重大贡献，让黄大年精神闪耀在祖国需要的最前沿、闪耀在人民需要的第一线。

　　在全国和吉林省历次疫情防控的严峻时刻，吉林大学各附属医院医护人员第一时间驰援出征，为护佑人民生命健康作出了重大贡献

加快构建学校思想政治工作体系"引领工程"领导小组办公室还专门制定印发了《"让黄大年精神在抗疫育人中发扬光大"——吉林大学贯彻落实习近平总书记对黄大年同志先进事迹作出重要指示五周年思政教育工作方案》，启动实施了"让黄大年精神在抗疫育人中发扬光大"主题活动，在坚决打赢疫情防控阻击战中育新人、育师德、育成果、育作风，推进黄大年精神有效融入吉大特色思政工作体系。

"昔人丰碑林立，垂名于不朽"。黄大年把他宝贵的生命奉献给了祖国，是他对祖国炙热的情感，熔铸成了黄大年精神的内核。在黄大年梦想开始的地方，吉林大学正凝心聚力、培根铸魂，倾力构筑起黄大年精神的高地，不负民族希望和国家重托。

第二篇章

兴学育才　端严德尊

▶ 治 学——

▶ 为 师——

▶ 树 人——

治 学——

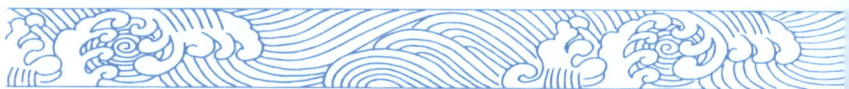

五年来，学校从大处着眼、从小处着手，严谨治学、务实办学，以实际行动践行习近平总书记重要指示精神，不断探索一流大学和一流学科建设的新模式，努力办好人民满意的教育，切实担负起培养担当民族复兴大任时代新人的职责。

谋划学科发展

吉林大学是全国学科门类最齐全的高校之一，涵盖哲学、经济学、法学、教育学、文学、历史学、理学、工学、农学、医学、管理学、艺术学、交叉学科等13大学科门类。举全校之力抓学科、建学科、兴学科，是学校推动工作、促进发展的实招、硬招，为助推"理工农医百花齐放，全校一盘棋融合发展"激活了"动力源"。

作为吉林大学新兴交叉学科学部首任学部长，黄大年积极统筹各方资源，推动学科交叉融合创新，助力学校"双一流"建设，绘就了一幅宏大的交叉学科发展蓝图。

黄大年与探测仪器专家合作研发深地探测仪器装备，与机械领域专家合作研发重载荷物探专用无人机，与计算机专家合作研发地球物理大数据处理与解释系统……在黄大年的倡议下，一个辐射地学、医学、物理、汽车、机械、计算机、国际政治等学科的非行政化"科研特区"初步形成。在他的推动下，吉林大学的卫星通信、汽车设计、大数据交流、机器人研发等诸多领域涌现一个个"奇迹"，并衍生出许多新课题、新方向、新学科，未来将产生不可估量的经济价值。

沿着黄大年的奋斗足迹，学校大力促进学科交叉融合，用好学科交叉融合的"催化剂"，学科交叉融合的成效初显，在沸石分子筛生成机理、有机电致发光、高压物理、深部探测、陆域水合物钻采技术等领域取得一系列原创性、标志性成果，国际影响力持续提升。

五年来，学校充分发挥"双一流"学科的带动作用，构建形成了以数学、物理学、化学、生物学为基础的自然科学基础学科体系，以考古学、哲学、法学、马克思主义理论等为基础的哲学社会科学学科体系，以材料科学与工程、机械与仿生工程、电子科学与技术等为基础的新的工科学科体系，以地质资源与地质工程为基础的特需学科体系，以人与动物共有医学为基础的大生命健康学科体系等五大学科体系，为推动多学科良性互动、促进学科间协调发展提供了支撑保障，学科整体实力持续提升。与2017年5月相比，学校ESI前1%学科数量由11个增至18个，ESI前1‰学科数量由2个增至4个。

优化学科布局

"以一流学科引领一流大学建设"，是吉林大学坚持目标导向、问题导向、效果导向，以点位突破带动学科整体跃升而进行的有益探索。五年来，学校瞄准国际学术前沿，对接国家战略需求，聚焦区域经济社会发展需要，不断优化学科布局，强化顶尖学科建设，推动一流学科培优，打造一流学科高峰。

学校持续重点推进学科分类建设，形成了"6+6+4+X"的学科建设布局，即重点加强考古学、数学、物理学、化学、材料科学与工程、生物学6个国家指定建设一流学科建设，持续加强哲学、法学、机械与仿生工程、电子科学与技术、地质资源与地质工程、人与动物共有医学6个学校自主建设学科群建设，进一步加强马克思主义理论、政治学、工商管理、计算机科学与技术4个培育建设学科建设，积极培育若干个建设基础好、发展前景好的潜力学科。

学校出台了《吉林大学关于一流本科专业建设的实施意见》，启动了一流本科专业建设"双万计划"，全面加强一流本科专业建设，增设了人工智能等14个服务国家重点领域和产业需要的本科专业。截至目前，我校有88个专业获批国家级一流本科专业，入选数量位居全国第3位。

聚焦国家和经济社会重大需求，学校将充分发挥学科综合优势，大力推进学科交叉融合，进一步建强生命健康、碳中和、深地深海、国家安全学、人工智能、化学生物学、计算科学、仿生科学与工程、人与动物共有医学等交叉学科领域，进一步布局集成芯片技术、生物育种、智慧医疗、脑科学、数字人文等学科领域，推动形成多学科良性互动、相互支撑、协调发展的学科生态体系。

培育学科特色

五年来，学校积极培育和整合优势特色学科，深入挖掘"双一流"建设新增长点，新建了"仿生科学与工程""人与动物共有医学""人工智能"和"国家安全学"4个交叉学科，为跨学科人才培养搭建了优质平台。成立了人工智能学院、考古学院、机械与航空航天工程学院、新能源与环境学院、东北亚学院、仿生科学与工程学院等学院，从"医学教育创新发展""商学与管理学院融合发展""文科振兴计划"等角度入手，全力推进学科建设，夯实学科交叉基础教育根基。

2018年5月，人工智能学院成立

2018年6月，考古学院成立

2018年6月，机械与航空航天工程学院、新能源与
环境学院成立

2021年4月，东北亚学院成立

学校成立了人工智能学院、机械与航空航天工程学院等多个学院，为学校的学科发展奠定了坚实基础。

为进一步探索综合性大学兴办医学的有效途径，学校聚焦"医学教育创新发展"，以培养一流医学人才、推进一流学科建设、打造一流师资队伍为目标，全面推进医学教育教学改革。学校坚持改革导向，鼓励探索创新，着力在发挥学科综合优势、提高医教协同质量、推进"临床医学试验班"建设等方面下功夫，以学科为平台，引育高层次人才，开展高水平科研，支撑高标准医疗，反哺高质量教学。学校把加强医学学科建设作为学校贯彻落实"健康中国"战略、推动医学教育创新发展的核心内容，加大临床医学、基础医学和理工交叉学科建设，多学科交叉融合向纵深发展。

2021年7月9日，吉林大学医学教育创新发展座谈会在中心校区东荣会议中心召开，校党委书记姜治莹主持会议并讲话

商学院与管理学院合并重组，成立商学与管理学院，一个专业、多个学院办学的"老大难"问题得以推动解决。两所学院的17个专业、系缩减为13个，聚拢了学科专业方向，学科建设整体迈上新台阶，两所学院把办学空间实现"物理融合"、教学科研实现"化学融合"、师生员工实现"心灵融合"作为合并目标，新学院运行平稳、合并卓有成效。

2022年1月7日，吉林大学召开商学与管理学院组建动员大会，校党委书记姜治莹出席大会并讲话，校长张希主持会议

结合时代发展需要，立足文科传统优势，学校启动实施"哲学社会科学高质量发展行动计划"（简称"文科振兴计划"），聚集人才培养、平台建设、体制创新，解决重大现实和理论问题，不断推出有思想含量、理论分量、话语质量的理论成果，为建设中国特色哲学社会科学发出吉大声音、作出吉大贡献。

学校还制定了《吉林大学全面加强和改进新时代体育工作实施方案》《吉林大学全面加强和改进新时代美育工作实施方案》《吉林大学全面推进劳动教育工作实施方案》等方案，将体育、美育、劳动教育纳入人才培养全过程。公共体育和公共美育教学改革持续深化，体育和艺术学科建设得到加强。"劳动教育理论课+劳模大讲堂+专业劳动+日常劳动"协同推进，成立劳动关系研究院，劳动教育课列入学生培养方案，以"全国劳模大讲堂"为平台开展的实践探索，构建了全国高等学校劳动教育课的"吉大模式"。

推进学风建设

　　学校大力弘扬"求真务实的科学精神、自由民主的人文精神、开放兼容的认同精神、明德隆法的治校精神、与时俱进的创新精神"。充分发挥学术委员会统筹行使对学术事务的决策、审议、评定和咨询等职能，提高学术治理能力建设。修订《吉林大学预防与处理学术不端办法》，筑牢学风制度建设根基，建立健全长效机制。联合校内有关部门，紧抓入职入学、职称晋升、项目申报等关键环节，结合学校科研诚信建设相关工作，将学科特点和文化传统相结合，将集中学习与自主学习相结合，将正向引领和反向警示相结合，针对不同学科、不同岗位、不同类型的师生队伍，组织了多场学风建设工作会和宣讲会，推动科研诚信教育常态化、规范化、多样化，持续营造风清气正的学术生态和育人环境。

　　五年来，学校着力构建"传、帮、带"的人才建设、育人机制和学术研究模式，包容性、创造性发展的学风环境再现生机。学校邀请吉林大学哲学社会科学资深教授、吉林大学原校长刘中树，中国科学院院士、校学术委员会主任冯守华教授，中国科学院院士、校长、校学位评定委员会主席张希教授，校教学委员会主任张汉壮教授主讲师德与学风建设专题教育报告会，激励并引导广大教师秉持科学精神、矢志追求卓越。

　　继承唐敖庆先生"物质结构进修班"的培养传统，通过资深学者言传身教等方式，强化青年教师对职业身份的认知和对学术生活方式的认同。由吉林大学哲学社会科学资深教授孙正聿主讲的"理论思维讲习班"和中国科学院院士、校长张希教授主讲的"超分子科学研讨班"引发热烈反响，引导青年教师涵养学术思想，蕴育学术生态。

2020年7月7日，吉林大学首期"理论思维讲习班"结业仪式举行，圆满完成12周学业的17名学员顺利结业，校党委书记姜治莹与哲学社会科学资深教授孙正聿共同为首期学员颁发结业证书

2020年7月8日，由校长张希院士发起的首期"超分子科学研讨班"举行了"最后一课"，来自超分子结构与材料国家重点实验室和分子酶学工程教育部重点实验室的10名优秀青年学者顺利完成了为期9周的学业

改善学习环境

在基础设施建设方面，五年来，钻探实验楼、工程训练中心大楼、人类疾病动物模型国家地方联合工程实验室、宋治平体育馆、超硬实验综合楼、综合极端条件实验装置国家重大科技基础设施项目、基础园学生宿舍丙栋、基础园学生宿舍丁栋等楼宇投入使用，学校的办学空间得到了有效拓展。

学校持续改善和优化师生的学习环境，合理规划图书馆馆舍空间，增设阅览席位，更换阅览室老旧桌椅，着力为校内师生读者打造更加智慧、舒适的学习空间。图书馆不断深化信息化建设和服务，以智能化管理成果助推服务水平持续提升。鼎新图书馆座位预约管理系统正式投入使用，根据读者反馈不断优化升级系统设置，对签到时限、暂离时长等各项系统问题进行调整完善，科学分配有限的学习座位，使学习空间得到有效利用。

2020年5月21日，学校正式发布《吉林大学"标准化 智慧化 功能化"教室改造工作方案》，"标准化、智慧化、功能化"教室改造工程全面启动。159间"三化"教室完成改造并投入使用，全部公共教室实现常态化直播、录播，134间大型教室关键设备更新升级，学校的教学条件提档、学习环境优化、教学效果提升，教育理念和教育模式的变革推动学风持续向好。

2020年5月，学校正式启动"三化"教室改造工作，"虚拟演播室""数字绘画教室""数字钢琴教室""虚拟仿真教室"等功能化教室环境全面升级

　　"三化"教室配置了常态化录播、物联中控、语音识别、一键呼叫、环境监测等功能，可支撑6 000多门线上、线下融合式课程教学，为全校6万多名师生提供智能、便捷的教学服务；"三化"教室科学划分了学习区域，设置了可移动桌椅和书写区域；在"虚拟演播""数字绘画""数字钢琴"和"虚拟仿真"等功能化教室设置了高精度输入设备和高效应智能装备，把物理世界与数字世界相连接，让学生自在地在课堂上体验"超越现实之旅"。学校依托"学在吉大"平台，发布录直播课程资源，搭建了学生回顾课堂、温习知识的重要途径。在AI技术的加持下，所有录播课程均支持语音文字转写、知识点标注、词云展示等智能化处理，进一步提升了课程资源的应用价值。

　　以"三化"教室、"学在吉大"平台，以及线上会议软件为信息化教学底座，学校打破空间壁垒，融合形成了物理空间、数字空间与社交空间三层递进式学习空间，满足了不同教学活动的场景需求，构建起融合式教育教学新范式。

目前，吉林大学已通过自主开发和资源引进，建设和开放了6 000余门数字化课程、5 000余本数字化教材和5 583个虚拟仿真实验线上教学资源，使学生们的自主学习不再受空间和时间的限制，打造出"人人皆学、处处能学、时时可学"的学习环境。

在发展建设的关键时期，学校深入研究学术发展规律，加快推进"双一流"建设，全力构建开放、协作、健康的学术生态环境，全力支持和鼓励广大师生秉承黄大年志向和担当精神，坚定理想信念，研究真问题，成为"大先生"，真正做到学有所得、学有所获、学有所长。

为 师——

五年来，学校将师德师风建设作为教师队伍建设的首要任务，将黄大年先进事迹作为广大教师入职培训的必修课程，激励和引导广大教师以德立身、以德立学、以德施教，争做学生锤炼品格的引路人、做学生学习知识的引路人、做学生创新思维的引路人和做学生奉献国家的引路人。

涵养师德师风

五年来，学校成立了党委教师工作部、教师教学发展中心，建立了校、院两级师德建设机构，全面加强了师德师风建设和教师思想政治教育工作，构建了党政齐抓共管的师德师风建设格局。

学校专门制定《吉林大学师德专题教育实施方案》《吉林大学加强师德与学风建设工作方案》等文件，举办师德与学风建设专题教育报告会，组织开展师德与学风建设系列宣讲教育和培训，制作贯彻教育部《新时代高校教师职业行为十项准则》微视频，在学校官方网站开设"师德师风"专栏，全面落实选树优秀典型、践行师德规范、强化警示教育等重点工作任务，持续强化了广大教师的师德建设和能力培养，号召广大教师争做"四有"好老师，当好"四个引路人"，坚持"四个相统一"。

校领导定期深入一线开展师德学风实地调研，学校教师教学发展中心、教务处等部门定期组织开展教学午餐会、教学工作坊、教学沙龙、教学大赛等教育教学研讨交流活动，教师参与交流的积极性显著提高。

2021年9月15日，吉林大学举行"以黄大年为榜样，做新时代好老师"座谈会，校党委副书记韩喜平出席会议

　　学校充分发挥教师育德、育人主体作用，加强研究生导师队伍建设，构建"五位一体"导师岗位培训课程体系，制定出台《吉林大学落实研究生导师立德树人职责实施细则》，组织开展研究生指导教师交流工作会、"立德树人"研究生导师讲坛等活动，举办"争做新时代'大先生'"研究生导师素养提升系列活动，进一步激发研究生导师见贤思齐、立德为师的内生动力，强化导师的人才培养责任。

　　《礼记·学记》有云："师者匠心，止于至善；师者如光，微以致远"。五年来，许多"大先生"将个人积蓄或奖励所得无偿捐赠给学校，为学校的教育事业倾注心血、无私奉献。2017年9月，中国科学院院士、吉林大学化学学院教授徐如人将自己与妻子庞文琴教授的毕生积蓄共计500万元捐赠学校，并设立庞文琴、徐如人教育基金。

徐如人院士将自己与妻子庞文琴教授的毕生积蓄500万元捐赠学校，并设立庞文琴、徐如人教育基金

2018年9月，中国科学院院士、吉林大学化学学院教授沈家骢将荣获吉林大学（力旺）终身成就奖的100万元奖金全部捐赠给唐敖庆教育基金，用以奖励和引进科研人才，支持吉林大学和化学学科的人才培养工作。这是沈家骢院士第三次向吉林大学唐敖庆教育基金捐款。此前，为了解决吉林大学"唐敖庆奖学金"本金不足的问题，2007年12月，沈家骢院士和张希教授将他们共同获得的2005年国家自然科学二等奖奖金50万元全部捐赠给了该奖学金。2008年7月，为了更好地纪念唐敖庆先生，弘扬他的崇高品德和治学精神，吉林大学唐敖庆教育基金会在沈家骢院士等人的积极倡议下正式成立。2016年6月，沈家骢院士个人再次捐款50万元用于唐敖庆教育基金的建设发展。

2019年6月28日，沈家骢院士向吉林大学唐敖庆教育基金捐款签字仪式在无机超分子楼401会议室举行，沈家骢院士及其夫人高嵇教授出席了捐款仪式，校长张希院士和化学学院师生代表等共同见证了这一时刻

2021年3月，作为全国文科教育教学领域荣获全国"杰出教学奖"的第一人，吉林大学哲学社会科学资深教授孙正聿将全国"杰出教学奖"的100万元奖金全部捐赠给学校，并设立孙正聿教育教学改革奖励基金，专项奖励支持在教育教学改革研究和通识教育方面作出突出贡献的青年教师，这也是吉林大学第一笔以关注教育教学改革为宗旨的捐赠项目。

2021年3月12日，吉林大学孙正聿教育教学改革奖励基金捐赠仪式在中心校区举行，吉林大学哲学社会科学资深教授孙正聿将其获得的全国"杰出教学奖"100万元奖金全部捐赠给学校

厚植育人情怀

　　2017年7月，教育部启动"全国高校黄大年式教师团队"创建活动。截至目前，全国高校共有2批401支团队获评教育部"全国高校黄大年式教师团队"称号。

　　刘财教授领衔的地球探测与信息技术教师团队和于吉红院士领衔的化学教师团队入选首批"全国高校黄大年式教师团队"，使吉林大学成为全国唯一首批获建2支黄大年式教师团队的高校。孙正聿教授领衔的马克思主义哲学教师团队于2022年初获此殊荣，入选第二批"全国高校黄大年式教师团队"。

2018年，吉林大学地球探测与信息技术教师团队入选首批"全国高校黄大年式教师团队"

2018年，吉林大学化学教师团队入选首批"全国高校黄大年式教师团队"

吉林大学马克思主义哲学教师团队于2022年初入选第二批"全国高校黄大年式教师团队"。图为2020年7月该团队参加"构建当代中国马克思主义哲学学术体系理论研讨会"时的合影

受到黄大年"教书育人、敢为人先"精神的激励，学校充分发挥"全国高校黄大年式教师团队"的示范引领作用，着力培育省级、校级"黄大年式教师团队"，不断强化专业教师和思政队伍的师德师风培育，推动黄大年精神贯穿于教师从业执教的全过程。

截至目前，学校共有6支团队获批"吉林省高校黄大年式教师团队"，哲学社会学院教师团队（负责人：孙正聿教授）、电子科学与工程学院教师团队（负责人：卢革宇教授）于2017年入选第一批"吉林省高校黄大年式教师团队"；内科临床思维及综合运用教师团队（负责人：郑杨教授）、脱贫攻坚实践教师团队（负责人：都兴林教授）、白求恩第二临床医院同舟抗疫临床诊断与创新实践教师团队（负责人：张捷教授）和仿生科学与农业工程教师团队（负责人：任露泉院士）于2021年入选第二批"吉林省高校黄大年式教师团队"。

2021年9月12日，吉林省委书记景俊海到吉林大学调研并看望慰问全国高校黄大年式教师团队代表

2021年9月12日，吉林省委书记景俊海与全国高校黄大年式教师团队代表合影

浪花的足迹

　　接过黄大年手中的接力棒，广大教师精业笃行、勤耕不辍，不断取得新的突出成绩。孙正聿教授荣获第二届全国"杰出教学奖"和"2022年全国教书育人楷模"称号；于吉红院士荣获2019年"全国模范教师"荣誉称号和2022年"全国五一劳动奖章"；张汉壮教授荣获第三届全国"杰出教学奖"；饶明俐教授荣获2020年"最美医生"称号；建设工程学院退休教师王钢城教授作为来自全国100所重点高校的459名"高校银龄教师支援西部计划"参与代表之一，在中宣部、教育部、中央广播电视总台联合录制的"闪亮的名字——2022最美教师发布仪式"现场，代表"最美教师团队"接受表彰……越来越多的优秀教师在黄大年精神的影响下，赢得了更多的社会认可和尊重。

2022年9月9日，吉林省委书记景俊海专程看望慰问荣获"2022年全国教书育人楷模"称号的全国高校黄大年式教师团队负责人、吉林大学哲学社会科学资深教授孙正聿

在诸多优秀教师的引领和带动下，学校两院院士、哲学社会科学资深教授、教授的本科生授课率由2017年的76%提升至现在的100%，在他们的深厚育人情怀的驱动下，学校的教学质量得到了更好的保障和提升。

砥砺师者匠心

2021年教师节前夕，习近平总书记回信勉励全国高校黄大年式教师团队代表，强调"好老师要做到学为人师、行为世范""真正把为学、为事、为人统一起来，当好学生成长的引路人，为培养德智体美劳全面发展的社会主义建设者和接班人、全面建设社会主义现代化国家不断作出新贡献"。

作为教育部首批"全国高校黄大年式教师团队"负责人代表，吉林大学地球探测与信息技术教师团队负责人、地球探测科学与技术学院刘财教授受邀参加2021年教育部教师节优秀教师代表座谈会，并在会上发言。他汇报了为落实习近平总书记重要指示精神而组建的黄大年式教师团队的建设情况。重点介绍了所在团队建设成果，即在弘扬黄大年精神、传承黄大年事业的基础上，提出"爱国坚于信仰、创新源于基础、科学赋予使命、育人首重精神"的教育理念，强调"科学无国界，科学家有祖国"的人才培养观，在科技创新、基础研究、教育教学、人才培养等方面取得的成绩。总结了团队在三年发展历程中始终坚持的报国热忱、探索精神、科研理念与教育方式。提出团队将进一步在习近平总书记给全国高校黄大年式教师团队回信的精神指引下，为服务国家富强、民族复兴、人民幸福贡献力量。

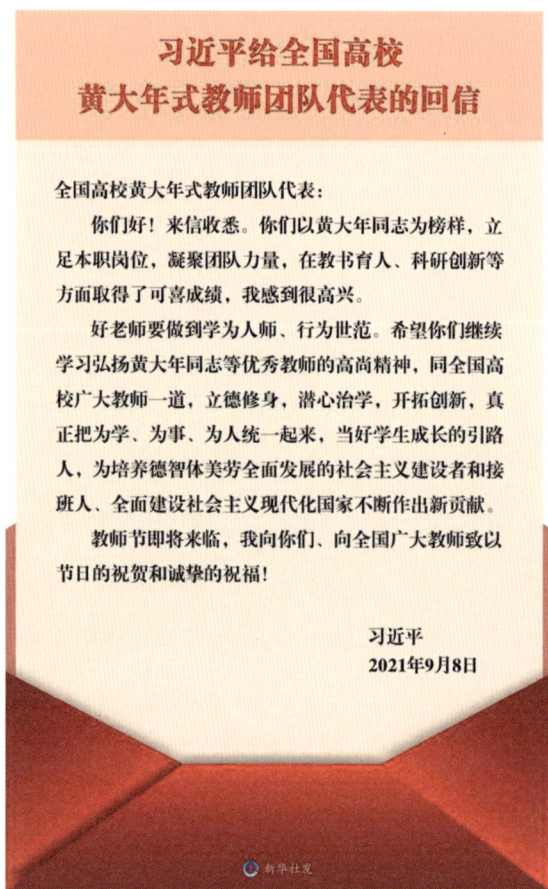

**习近平给全国高校
黄大年式教师团队代表的回信**

全国高校黄大年式教师团队代表：

你们好！来信收悉。你们以黄大年同志为榜样，立足本职岗位，凝聚团队力量，在教书育人、科研创新等方面取得了可喜成绩，我感到很高兴。

好老师要做到学为人师、行为世范。希望你们继续学习弘扬黄大年同志等优秀教师的高尚精神，同全国高校广大教师一道，立德修身、潜心治学、开拓创新，真正把为学、为事、为人统一起来，当好学生成长的引路人，为培养德智体美劳全面发展的社会主义建设者和接班人、全面建设社会主义现代化国家不断作出新贡献。

教师节即将来临，我向你们、向全国广大教师致以节日的祝贺和诚挚的祝福！

习近平
2021年9月8日

新华社发

2021年9月8日，在第三十七个教师节来临之际，中共中央总书记、国家主席、中央军委主席习近平给全国高校黄大年式教师团队代表回信，对他们寄予殷切期望，并向全国广大教师致以节日的祝贺和诚挚的祝福

为深入贯彻落实习近平总书记重要指示精神，作为黄大年生前工作单位和代表全国高校黄大年式教师团队给习近平总书记写信的发起单位，学校第一时间制定并印发了《吉林大学关于贯彻落实习近平总书记给全国高校黄大年式教师团队代表重要回信精神的工作方案》，进一步深化了黄大年精神对师生的心灵触动和精神感召。

学校党委理论学习中心组第一时间召开集体学习研讨（扩大）会议，将

领会重要回信精神与"四有"好老师、"四个引路人"等要求紧密结合，研究贯彻落实措施，在全校范围内掀起学习习近平总书记重要回信热潮。学校三支获批建设的"全国高校黄大年式教师团队"集体学习领会习近平总书记重要回信精神的核心要义，全面加强了对黄大年精神的学习研讨、宣传宣讲和理论阐释，推动践行学为人师、行为世范的崇高使命。

2021年9月10日，吉林大学召开党委理论学习中心组集体学习研讨（扩大）会议，校党委书记姜治莹、校长张希围绕回信精神带头作交流研讨，会议由姜治莹主持

在习近平总书记给全国高校黄大年式教师团队回信一周年之际，学校召开座谈会，深刻领会习近平总书记重要回信精神以及对广大教师提出的"四有"好老师、"四个引路人"等重要指示精神，再次掀起学习黄大年精神新高潮。全国高校黄大年式教师团队代表就深入贯彻习近平总书记重要回信精神，继承、践行黄大年精神和黄大年式教师团队建设情况作了工作汇报。

2022年9月8日，时值习近平总书记给全国高校黄大年式教师团队代表回信一周年，吉林大学以线上、线下相结合的方式召开座谈会，校党委书记姜治莹出席会议并讲话，会议由校长张希主持

　　吉林大学是黄大年生前奋斗不息的热土，也是一批批优秀教师成就梦想的家园。从黄大年到黄大年式教师团队，不断涌现的奋斗者，推动着吉林大学的教育事业不断前行。

树 人——

五年来，学校高度重视人才培养和引育工作，精心育才、精准引才、真情留才、科学用才，以树人之情树木，用树木之心树人，以人才引育推动学校高质量发展，学校的人才高地位置持续巩固、人才集聚效应和辐射效应不断释放。

打造育人品牌

　　学校以黄大年精神为引领，践行黄大年育人理念，以"黄大年"之名延续着他的育人事业，注重培育能推动国家科技进步、促进人类社会发展的高素质科技人才。

2019年5月23日，在习近平总书记对黄大年同志先进事迹作出重要指示两周年之际，地球探测科学与技术学院在李四光楼举行第二届"黄大年创新实验班"授牌仪式

　　围绕国家和社会对拔尖创新人才的需求，学校于2018年5月成立了"黄大年创新实验班"，把学习黄大年精神写入学生培养方案。首批30名学员选自吉林大学2017级"国家级卓越计划"——勘查技术与工程卓越工程师培训计划班。历届"黄大年创新实验班"学生的学业成果、所获荣誉、创新训练、

志愿服务等都取得了丰硕成果，起到了一定的示范作用，回馈了黄大年对学生的厚望与期待。

秉承黄大年的育人事业，学校相关部门和地球探测科学与技术学院于2018年共同发起了黄大年教育基金的募捐行动，得到了黄大年家属、学校师生和广大校友以及爱心人士的热切关注与大力支持。学校设立"黄大年学生奖助学金"，将2018年至今募集的200余万元"黄大年教育基金"全部用于奖励和资助地球探测科学与技术学院各专业品学兼优和自强自立的优秀学生。

2022年5月22日，吉林大学黄大年教育基金启动仪式暨首届"黄大年奖助学金"颁奖仪式在线上举行

学校还将育人目光延伸至基础教育，与黄大年高中母校——广西贵港市港北区高级中学合作共建"黄大年科学家精神教育基地"，并授予该校为吉林大学"优秀生源基地"。

构建育人体系

五年来，学校发扬"厚基础、重实践、严要求"的育人传统，深入贯彻落实立德树人根本任务，坚持把立德树人成效作为检验学校一切工作的根本标准，积极构建具有吉大特色的高水平人才培养体系。

确立本科教育优先发展地位，全面实施本科教学改革。组织开展全校范围内的"新时代教育思想大讨论"，确立了培养"具有家国情怀、品判性思维、创造创新能力，懂交流、善合作"的育人定位和培养德智体美劳全面发展的中国特色社会主义建设者和接班人的育人目标。按照《吉林大学关于加快建设一流本科教育 构建高水平人才培养体系的实施意见》，五年来，学校本科教育教学各项工作平稳有序，快速发展。

学校聚焦一流本科教育和高水平研究生教育，制定了《吉林大学关于加快建设一流本科教育 构建高水平人才培养体系的实施意见》（"本科教育60条"）和《吉林大学加快建设高水平研究生教育 全面提高研究生教育质量的实施意见》（"研究生教育40条"）。

加快建设高水平本科教育，全面提高人才培养能力。深化人才培养改革创新，强化本科教学基础地位，稳步提升人才培养质量，注重本科人才培养内涵式发展，完成2022年新版本科培养方案，构建起覆盖全校本科新生的研讨课、学科导论课体系。建成"吉林大学高等教育质量检测评估数据平台"，建立校院两级质量监测队伍，进一步完善本科教学质量保障体系。

加快研究生教育改革，构建高水平研究生教育体系。深入推进研究生培养模式改革，全面修订研究生培养方案，不断完善以提高创新能力为目标的学术学位研究生培养模式和以提升职业能力为导向的专业学位研究生培养模式。加强研究生教育过程管理和研究生教学质量保障体系建设，制定实施《吉林大学博士学位论文评审结果记分办法（试行）》，强化学位论文和学位授予工作的质量管理。继续深化"学位授予质量监督保障服务平台"建设，推动实施吉林大学研究生学位论文预答辩制度，"双一流"建设单位博士学位论文答辩过程管理有效加强。加强学风建设，严惩学术不端行为，定期开展研究生科学道德和学风教育等宣讲活动。

持续推进研究生导师队伍建设，明确导师是研究生培养的第一责任人，启动研究生导师指导小组工作机制，强化导师指导小组集体把关作用。深化研究生招生培养模式改革，制定实施《吉林大学研究生指导教师跨学科招生与培养管理办法》，鼓励跨学科的融合研究。在学位授予质量、学位论文抽检、学术不端处理等方面出台相应文件，不断强化研究生培养质量。在创新创业、交叉研究、赴外交流等领域开展专项资助计划，提升研究生创新实践能力。

五年来，学校充分发挥学术委员会、学位委员会、教学委员会的重要作用。成立"吉林大学教育教学督导委员会"，打通本科和研究生教育教学督导链条，加强对教学培养各环节的督导反馈。发挥学院在学科建设和教学实践中的主体作用，建立院长工作例会制度，打造上情下达、沟通左右、校院联动的重要平台。

学校的基础学科拔尖人才培养优势强劲，继化学、生物科学、数学、物理学、计算机科学五个学科开展"基础学科拔尖学生培养试验计划"（拔尖计划1.0）招生培养工作之后，数学、物理学、化学、生物科学、计算机科学、哲学、考古学、理论经济学、中国语言文学共9个学科入选教育部"基础学科拔尖计划2.0"基地，数量位列全国高校第9名。荣获教育部"拔尖计划"

实施十周年典型案例奖、突出贡献奖等殊荣。

学校全面启动"强基计划"招生工作，推动"拔尖计划"与"强基计划"招生培养有效衔接，入选首批"强基计划"招生试点高校，本科生源质量进一步提升。在数学与应用数学、物理学、化学、古文字学4个专业招生，实施本研衔接培养。其中，古文字学是我国第一个也是唯一一个古文字学本科招生专业。学校深化招生制度改革，落实硕士招生计划调控政策，完善接收推免生工作流程，努力提高接收推免生数量。健全博士研究生"申请—考核"招生选拔机制，鼓励跨学科招收"直博生"。

学校全面实施"创新示范课程建设计划"，制定《吉林大学课程育人专项实施方案》，实施"六卓越一拔尖"计划2.0版，推行学院内按专业类招生培养模式改革。全面加强一流课程建设，51门课程入选首批"国家级一流本科课程"。实施"高水平研究生课程体系和研究生核心课程"等质量工程建设项目，增加课程的创新性和挑战度。

五年来，在推动实践教学数字化、智慧化、信息化方面，学校作出了有益探索。结合疫情防控常态化要求，地学、农学、考古学等专业的野外实习采取线上、线下相结合的方式开展。结合医学教育创新发展，临床医学、公共卫生等专业学生将实习实践课堂搬到了抗疫"战场"，把医学人文精神、白求恩精神、伟大抗疫精神化作实际行动，锤炼思想品行。学校还专门设立"实践教学团队奖"，用以激励和表彰实践教学优秀教师团队，从而进一步推动实践教学改革的全面深化。

培养学生成效

　　学校着力推动知识传授、能力培养和实践教学的有机统一，持续加强创新创业教育，不断提升大学生开放性创新实验教学水平，进一步完善国家、省、校三级大学生学科竞赛体系。在五年的不懈努力下，"大学生创新创业训练计划"项目的参与度再创新高，我校学子屡次在"创青春"全国大学生创业大赛、"挑战杯"中国大学生创业计划竞赛、中国大学生医学技术技能大赛、iCAN国际创新创业大赛、IFAC E-COSM汽车节能Benchmark国际挑战赛、iGEM国际遗传工程机器大赛（International Genetically Engineered Machine Competition，简称iGEM）等学科顶尖赛事中站上最高领奖台，使学校多次成为东北地区唯一获得诸项赛事最高荣誉的高校。

2019年，吉林大学代表队在 iCAN 国际创新创业大赛中国总决赛中荣获冠军

浪花的足迹

2019年，吉林大学代表队在中国大学生机械工程创新创意大赛——智能制造大赛中获一、二等奖并获总决赛第一名

2021年11月15日凌晨，吉林大学代表队"Jilin-China"在2021年国际遗传工程机器大赛中获得金奖。自2014年首次参加该项赛事以来，吉林大学共获得5次金奖、2次银奖和1次铜奖，并在2018年至2021年取得了"四连金"的好成绩

"唐敖庆理科试验班"自成立以来，超过90%以上的同学参与"大学生创新创业训练计划"项目，并全部列入国家级培育项目。截至2022年7月，"唐敖庆理科试验班"陆续培养了10届共计671名毕业生，其中96%的学生进入研究生阶段深造。在继续深造的学生中，333人进入世界排名前100的高校或学科，70人进入世界排名前20的高校或学科，40人进入世界排名前10的高校或学科。2009—2020级"唐敖庆理科试验班"学生累计603人次被分批派往牛津大学、佐治亚理工学院、罗格斯大学、加州大学洛杉矶分校、纽约州立大学石溪分校、英国曼彻斯特大学、麻省理工学院等名校进行长、短期海外大学研修或毕业设计等。截至2022年7月，"唐敖庆理科试验班"学生共发表可在SCI检索刊物论文116篇（前三作者），含47篇第一作者，40篇第二作者，29篇第三作者。

发轫于2007年的吉林大学学生赛车队，经过十五年的沉淀和发展，现已建设成了国内规模最大、参赛门类最全、技术实力最强的学生汽车运动实践教学平台，实现了对国内汽车领域高水平学科竞赛的全面覆盖。车队目前拥有"三个品牌"和"五支团队"，分别是："吉速品牌"的吉速燃油方程式车队和吉速电动方程式车队，"肯赛品牌"的肯赛节能车队和肯赛巴哈越野车队，"吉智品牌"的无人驾驶车队。吉林大学学生赛车队每年培养学生近300人，涵盖了10余个学院和学科，贯穿了从本科到博士研究生等各个培养阶段。

在国际、国内顶尖赛事中，学生赛车队充分展现了吉大学子的专业技能和精神面貌。在国际赛场上，吉林大学学生赛车队于2019年出征德国、日本和马来西亚，并在多个项目中刷新中国车队的历史最佳成绩；在2020年的世界大学生虚拟方程式大赛中，包揽了燃油和电动两个组别的冠军，是该项赛事自举办以来的首个双料冠军车队。在国内赛场，吉林大学肯赛节能车队在2021年和2022年蝉联壳牌中国汽车环保马拉松挑战赛全国总冠军；吉林大学吉速燃油方程式车队和吉速电动方程式车队一举斩获2021年中国大学生方程式系列赛事"燃油方程式"和"电动方程式"的全国总冠军，使学校率先成为中国大学生方程式赛车历史上同年摘得"油电双冠"的高校，更是在2018年、2020年、2021年和2022年的中国大学生方程式汽车大赛中，创造了"五年四冠"和"三连冠"的传奇。

在征战国内外赛场的过程中，赛车队充分践行了"创新驱动"的团队精神，科学严谨地完成了一系列赛车的正向开发与试验测试流程，培养了科技创新精神、积累了工程实践经验、树立了团队合作意识、历练了顽强拼搏精神。经过多年的努力建设，吉林大学学生赛车队现已培养了2 000余名优秀毕业生，优质就业率接近100%，累计输送博士、硕士研究生200余人，6人荣获"吉林大学十佳大学生""吉林大学自强自立大学生"称号，取得了显著的育人实效。

吉林大学学生赛车队包揽了2021年中国大学生方程式系列赛事"燃油方程式"和"电动方程式"的全国总冠军

学校高度重视优秀学子的示范引领作用，每年开展十佳大学生、自强自立大学生、十佳研究生等评选工作，激励更多优秀学子笃学慎思、明辨尚行。学生中涌现出以"全国向上向善好青年""中国大学生年度人物""中国大学生自强之星""全国百名研究生党员标兵"等为代表的一批优秀典型。学校培养出的历届吉林大学学生最高荣誉获奖者，毕业后多数都成了行业中的佼佼者。其中，吉林大学2015年自强自立大学生标兵、药学院2018届硕士毕业生、"失聪女孩"江梦南，荣耀入选"感动中国2021年度人物"，体现了吉林大学七年培养的价值，更彰显了新一代吉大人正视现实、乐观执着、创造奇迹的力量。

2022年3月3日，中国中央电视台主办的"感动中国2021年度人物"评选活动揭晓，吉林大学校友江梦南荣耀入选

强化人才引育

学校持续贯彻"引才不如请才"的人才工作理念，系统总结了以黄大年为代表的高层次人才引育经验，大力加强"请"才力度，不断拓宽选人用人视野，提高人才引进成效。秉承"放眼全球引才、不拘一格用才、搭建平台育才、用心用情留才"的工作理念，不断深化人才工作体制机制改革，积极构建"引、育、用、留"全链条的人才工作体系，写好人才引进"大文章"，下好人才培养"先手棋"，用好人才评价"指挥棒"，建好人才集聚"强磁场"。

学校用心培育涵养"大先生"的良好环境和土壤，修订《吉林大学人才引进办法》，举办全球人才云宣讲交流会，广泛延揽海内外高水平人才，为不同发展阶段的人才提供支持保障。为进一步加强学校党委对人才工作的全面领导，学校于2021年9月1日印发了《吉林大学人才工作领导小组议事规则》，成立人才工作领导小组，并下设"政治与安全""教学与科研""资源配置""联系服务"四个专项工作小组，领导小组及各专项工作小组高度聚焦人才工作，在各自范围内容议事决策，减少了部门陪会，提高了工作效率。为加快学校一流人才队伍建设步伐，充分调动一切有利条件和积极因素，努力营造凝心聚力、上下协同、积极主动的人才工作氛围，学校2021年10月28日印发《吉林大学人才工作激励实施办法》。2022年，首次评选人才工作先进单位2个，优秀单位3个，人才培育突破奖1个；人才工作先进个人5名，优秀个人7名，优秀人才工作者10名。

　　为深入贯彻落实习近平总书记在中央人才工作会议上的重要讲话精神，持续深入推进人才强校战略，学校召开人事人才工作会议，凝心聚力、踔厉奋发，全面推动学校人才工作提质增效。

2022年5月24日，吉林大学召开人事人才工作会议，校党委书记姜治莹、校长张希出席会议并讲话

　　学校通过制度创新吸引更多优秀人才，营造识才、爱才、敬才、用才的良好环境，逐步建成以"匡亚明/唐敖庆学者"人才岗位为主，以"培英工程"计划、励新计划、"金种子"计划、"鼎新学者"支持计划和讲习班为重要支撑的"一主五辅"的人才引育体系，实现了"岗位能进能出、层级能上能下、待遇能高能低"，初步构建了具有"吉大特色"的人才雁阵格局，精准延揽了一批高精尖缺人才。首批673人、第二批135人、校外引进28人获聘"匡亚明/唐敖庆学者"。截至目前，共聘任817人，现在岗794人，约占全校专任教师人数的12.3%。

　　学校在化学学院、物理学院、材料科学与工程学院、人工智能学院等单位推行了与国际接轨的准聘长聘制度。启动实施了国际合作科研助理（IRA）招聘计划，配合相关学科拓展国际科研合作、储备优秀人才。与国家外国专家局签约共建全国高校首个"中外高层次人才引进基地"。扎实推进6家"111基地"和2家"111计划2.0"基地建设。未来科学国际合作联合实验室学术特区建成，成为高层次人才引进基地的重要平台。学校当选第五届中国高等教育学会引进国外智力工作分会理事长单位。获批教育部"中外双导师"专项计划。4位外国专家荣获中国政府"友谊奖"。

　　人才是学校事业发展的基石，是吉林大学推进中国特色、世界一流大学建设的信心和底气。2022年9月26日，在中央人才工作会议召开一周年之际，学校召开了人才政策新闻发布会，并通过网络实现了全球直播，向世界人才宣讲吉林大学的人才工作政策与成效。

2022年9月26日，吉林大学召开人才政策新闻发布会，发布会通过网络同步直播，校党委常委、副校长蔡立东作学校人才工作和人才政策介绍

激发报国情怀

学校牢记习近平总书记对黄大年同志先进事迹作出的重要指示，引导和激励人才继承黄大年精神，弘扬高尚师德，潜心立德树人，以赤诚之心、奉献之心、仁爱之心投身教育事业。

2017年以来，学校先后组织高层次人才、海外引进人才、基层骨干教师与党外人士赴井冈山、遵义、四平、延边、辉南等教育培训基地开展红色党性教育专题培训。通过专题讲座、实地参观、现场教学等形式，组织学员们赴革命老区，寻访先烈遗迹，见证改革发展，赓续红色基因，引领人才厚植爱党爱国情怀，勇担教书育人使命，为激励高层次人才投身学校"双一流"建设、贡献吉林全面全方位振兴奠定了坚实基础。

2020年7月9日，吉林大学2020年度第一期"书记面对面"活动在地球探测科学与技术学院举行，校党委书记姜治莹同遵义专题培训研修班学员代表亲切座谈交流

浪花的足迹

2020年7月，学校组织开展"书记面对面"活动，学校党委书记同遵义专题培训研修班学员代表亲切座谈交流，鼓舞学员们以黄大年同志为榜样，投身伟大事业、共赴伟大征程、献身伟大梦想，争做习近平总书记重要指示的践行者和黄大年精神的传承者。座谈会后，遵义专题培训研修班学员代表们集体参观黄大年纪念馆，观看陈列和图片展，聆听黄大年同志先进事迹，深受教育和感动。

五年来，受黄大年精神的激励和鼓舞，一批批有志之士、杰出校友和海外归国人才追随着黄大年的足迹，加入吉林大学建设中国特色、世界一流大学的育人事业中，为学校发展建设贡献着智慧和力量。学校人才队伍结构不断优化，国家级高层次人才数量翻倍增长。

学校牢记习近平总书记给全国高校黄大年式教师团队代表重要回信的殷殷嘱托，深耕"服务+环境"的爱才生态，全力打造服务效率高、服务体验好、人才获得感强的人才服务环境，在生活补贴、子女入学、医疗服务保障、配偶安置、住房保障、生活服务保障等方面，为高层次人才提供贴心服务和真诚帮助。

在学校积极诚恳的态度和务实有效的举措共同作用下，广大教师安心从教、潜心科研，以炽烈的爱国之情和满腔的报国之志融入建设中国特色、世界一流吉林大学的生动实践之中，在新征程上抢抓时代机遇、奏响时代强音、书写崭新篇章。

时代呼唤人才，发展需要人才。拔尖人才的培养和一流人才的引育是学校发展的基石。在习近平总书记重要指示精神的指引下，在黄大年精神的激励下，学校多措并举，打好人才引育"组合拳"，高层次人才培养的质量和创新创造的成效更加凸显。

第三篇章

励精图治　赤心报国

▶ 承 继——

▶ 深 耕——

承 继——

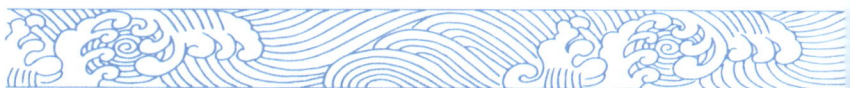

五年来，在黄大年精神的感召下，全体吉大师生接过黄大年手中的接力棒，潜心科研、锐意创新，继承和发扬黄大年未竟的事业，迸发出了攻克"卡脖子"难题的必胜信心和不竭动力。

集智聚力攻关

　　黄大年生前所带的科研团队继承黄大年遗志，坚持不懈钻研攻关，五年来承担了国家级项目20余项，到款经费突破亿元。在移动平台探测技术、地质资源多元勘探理论与技术等方面取得突破性的成果。

　　黄大年生前担任国家"深部探测关键仪器装备研制与实验"项目的首席科学家，研发地球物理深部探测新技术和装备、"深部大陆万米科学钻探装备"，创造了亚洲大陆科学钻井新纪录，填补了我国深部探测多项空白。而研制具有我国自主知识产权的航空重力梯度仪，是黄大年一生的追求。

2013年，黄大年于中国地球深部探测项目年会上留影

五年来，同侪和后辈继承黄大年未竟的事业，依托学校"双一流"重点建设的地质资源与地质工程学科群，黄大年生前主持的国家重点研发计划"航空重力梯度仪研制"项目通过评审，实现了预期目标。10余篇在黄大年署名位置加注了示亡号方框的科研成果相继发表。

针对复杂探测条件下矿产资源调查、深部探测和找矿重大突破战略任务，发展陆、空、海快速移动平台探测装备技术，有利于提高探测效率和精度。移动平台探测技术曾是西方发达国家垄断的核心技术。黄大年生前建立的移动平台探测技术研发中心，为国内相关技术的研发打下了良好的发展基础。

2022年1月7日，地球探测科学与技术学院举行"读黄大年家书 悟科学家精神"纪念黄大年同志逝世五周年座谈会

五年来，通过学科交叉融合、跨部门联合等途径，黄大年生前所在团队设计和研发了新一代智能化无人机搭载平台，形成了机载一体化高精度和高效率联合探测系统。研发航空重磁总场和梯度探测技术、电磁探测技术，以

及相关的实时和事后移动平台综合参数校正的软件处理技术，实现了航空重力梯度仪整机从0到1的突破；面向三维地质目标实现重、磁、电、震和井中探测多方法信息融合等，发展面向三维地质目标的综合信息分析一体化软件平台，实现海量、多元探测数据的集成和综合解释。

在黄大年生前奠定的研究基础上，学校开展了基于新原理的重力梯度仪研制，研发了冷原子干涉、超导和MEMS重力梯度仪样机；超导和MEMS原理重力梯度仪的关键指标达到了国际先进水平。开展了重载荷旋翼无人机的研制，实现了长航时3小时、载荷150千克，有效支撑了多类型地球物理设备的搭载问题，为实现地球物理的无人化和绿色勘探迈出坚实一步，突破了国外垄断，为中国航空和海洋地球物理电磁勘探技术奠定了理论基础。

在多项自然科学基金及省部级项目的持续支持下，在东北地区组织实施了多条（累计长度15 000余千米）综合地球物理剖面信息采集和综合研究。创立了油气资源多元勘探理论，配套研发了盆地边缘域油气资源探查方法技术，给出了盆地边缘域构造问题新认识，在盆地边缘域发现新油气资源，促进了行业科技进步，取得了社会效益和经济效益。通过科研成果的转化，在松辽盆地西斜坡江77井实现了原油51.84吨/天高产工业油流的历史性突破。通过大庆实施的方正断陷的方6井，在3 216米处获得日产10.8立方米的高产工业油流。

作为学校一流学科（群）"地质资源与地质工程"建设牵头单位，团队聚焦国家重大需求，将黄大年精神学习成效转化为破解"卡脖子"技术难题的动力。经过五年的发展建设，黄大年生前所在团队的成员和团队整体实力都得到了较大提升。团队成员1人当选为中国工程院院士，多人被评为国家级人才，团队荣获国土资源部科技创新团队、吉林省地球探测与信息技术"黄大年式科研团队"、吉林省委组织部第二批省重大科技项目研发人才团队等荣誉称号。团队承担的"地球深部勘探关键技术与核心装备"项目成果入选"伟大的变革——庆祝改革开放40周年大型展览"。

2022年5月20日，吉林大学举行纪念习近平总书记对黄大年同志先进事迹作出重要指示五周年"心有大我 至诚报国"报告会，校党委书记姜治莹、校长张希参加报告会

黄大年生前所在的地球探测科学与技术学院获批为"地空探测科学与运用国际化示范基地",自然资源部应用地球物理重点实验室顺利通过评估。"长白山火山综合地球物理教育部野外科学观测研究站"获准建设。与中科院长春地理所共建黑土地国家重点实验室,牵头成立吉林大学黑土地研究院。"勘查技术与工程、地球物理学、测绘工程"专业获国家一流建设本科专业。地质资源立体探测虚拟仿真实验教学中心被认定为吉林省科普工作示范基地。

传承事业薪火

以黄大年精神为引领,学校的另外两支"全国高校黄大年式教师团队"牢记立德树人初心,不忘科技报国使命,将黄大年精神进一步践行和延伸到团队建设、人才培养、科研创新等多个方面,在师德师风、教育教学、科研创新、社会服务等方面不断取得骄人成绩。国家级各类人才在团队中不断涌现。化学、哲学2个专业均被评为"基础学科拔尖计划2.0"基地。

由中国科学院院士、吉林大学化学学院于吉红教授领衔的化学教师团队,在科研上攻坚克难、勇攀高峰,不断推动关键核心技术自主创新,服务高水平科技自立自强,承担了国家重点研发计划项目、国家自然科学基金创新研究群体项目及国际合作与交流项目等多项国家级科研任务,在"下一代显示材料和技术""分子筛限域金属单原子实现串级催化反应"等研究中取得重要进展。团队成员努力做到学为人师、行为世范,1人获"全国模范教师""全国三八红旗手""全国五一劳动奖章"称号,1人入选国家级教学名师,1人获宝钢优秀教师奖。《无机化学》(上下册)第四版,荣获首届全国教材建设奖全国优秀教材二等奖；《化学学科拔尖创新人才科研能力培养的探索与实践研究》课题入选"基础学科拔尖学生培养计划2.0"重点课题；全英文教材*Modern Inorganic Synthetic Chemistry*再版，成为国内外知名高校相关课程参考教材。团队始终致力于人才引育工作，培养具有战略科学家潜质的高层次复合型人才，形成战略科学家成长梯队。团队中有6人入选国家级青年人才项目，引进海外青年学术骨干15人，其中12人入选国家级引进青年人才项目，人才梯队的集成性效能作用进一步凸显。在团队成员的大力培养下，4名博士毕业生入选国家博士后创新人才资助计划，其中1人的研究成果入选国家2021年度博士后创新人才支持计划十大创新成果。

由吉林大学哲学社会科学资深教授孙正聿领衔的马克思主义哲学教师团队，潜心研学、铸魂育人，"以透彻的学理分析回应学生，以彻底的思想理论说服学生，用真理的强大力量引导学生"，增强了学生对中国特色社会主义的政治认同、思想认同、理论认同和情感认同。团队先后承担多项国家社会科学基金重大项目、多项教育部重大攻关重点基地项目，以及数十项国家社会科学基金重点项目、一般项目。团队成员负责的6门课程被确立为省级、校级"课程思政"示范项目；孙正聿等4人的著作入选"国家哲学社会科学成果文库"；孙正聿被评为首届全国教材建设奖"全国教材建设先进个人"；数十项成果荣获国家级、省级奖项，团队成员发表论文数百篇……这些具有标志性的成果，从哲学观念变革、哲学体系创新、历史唯物主义研究、辩证法研究、社会发展理论研究、政治哲学研究等方面，在我国哲学基础理论研究方面处于领先地位。在孙正聿教授的引领下，在学校的学生评教系统中，哲学学科学生对教师的师德师风满意度高达100%。团队成员为中直及省直机关、企事业单位和社会团体讲授马克思主义理论和党的创新理论200余场，开展系列公益讲座，对习近平新时代中国特色社会主义思想和党的十九大、十九届历次全会精神的宣传普及作出了积极贡献。

促进文科振兴

　　五年来，广大师生沿着黄大年的足迹，自由探索，敢为人先，对标高水平成果，对位高质量发展，文科研究实力显著提升，学术原创能力明显增强，人文社科领域呈现蒸蒸日上景象，吉大新文科建设实现了从稳步推进到开花结果的进步。

　　学校加大力度促进冷门绝学学科代际传承和发展创新，保持我校古文字、高句丽·渤海等研究领域的优势与特色。吉林大学古文字学团队完成的《古文异体关系整理与研究》成果，获中国语言学界青年学者最高奖"第四届中国语言学会罗常培语言学奖"一等奖和第八届教育部高等学校科学研究优秀成果奖（人文社会科学）青年成果奖。东北亚考古团队的《中国东北旧石器文化》《中国东北新石器文化》《中国东北先史文化研究》等著作先后被译为韩文出版。高句丽渤海考古的研究成果世界领先，大量论著被译为外文在国外刊发。

　　依托考古学科优势，学校大力推动"中国特色、中国风格、中国气派的考古学"建设，为弘扬中华优秀传统文化、增强文化自信贡献吉大力量。吉林安图"宝马城"金代长白山神庙遗址由吉林大学边疆考古研究中心与吉林省文物考古研究所联合考古发掘，系中原地区以外首次通过考古发掘揭露的国家山祭遗存，是金代考古与历史的重要发现、边疆考古和北方民族考古的重大突破，入选"2017年度全国十大考古新发现"。

吉林安图"宝马城"金代长白山神庙遗址，入选"2017年度全国十大考古新发现"

学校和山西省考古研究院、运城市文物保护中心联合开展田野考古实践教学工作，于2020年在山西运城夏县建成启用了全国高校中规模最大、设施齐全的田野考古实践教学基地，在师村遗址发掘出土了6枚新石器时代仰韶早期距今6 000年以上的石雕和陶制蚕蛹，为研究文明起源提供了珍贵的实物证据。

学校持续推动哲学社会科学实验室体系建设，不断加快人文社科领域科研平台的交叉创新速度。吉林大学"冰雪旅游场地装备和智能服务技术实验室"于2021年5月获批国家文化和旅游部重点实验室建设，成为我校哲学社会科学领域牵头获批的首个部级重点实验室，也是全国冰雪旅游研究方向唯一的部级重点实验室，圆满完成了《中国冰雪经济发展指数报告》的编撰，得到了文旅部的充分肯定并批复同意向社会公开发布。吉林大学"生物考古实验室"于2022年获批，是我国考古学领域首个教育部哲学社会科学实验室（试点建设），标志着吉林大学哲学社会科学实验室建设进入到新的发展阶段。

2022年2月17日，在北京2022年冬奥会成功举办之际，来自全国20多家新闻媒体的40余名记者齐聚吉林大学东荣会议中心，参加吉林大学冰雪旅游场地装备和智能服务技术文化和旅游部重点实验室《中国冰雪经济发展指数报告》新闻发布会

学校主办的8种哲学社会科学学术刊物入选CSSCI来源期刊，数量居国内高校第三位；4种刊物受到国家社科基金重点资助，并列国内高校第一位。《人口学刊》《情报科学》连续入选"中国最具国际影响力学术刊物"和"中国国际影响力优秀学术期刊"，学校人文社科类学术刊物的水平进一步提高。

诸多标志性的成果和荣誉凸显出我校哲学社会科学领域深厚的研究基础和实力。孙正聿教授的著作《掌握"看家本领"》和《马克思主义哲学智慧》分别荣获第十六届精神文明建设"五个一工程"优秀作品奖和"第七届中华优秀出版物奖"；张文显教授作为第一首席专家的《习近平法治思想概论》正式出版，其撰写的论文《习近平法治思想的实践逻辑、理论逻辑和历史逻辑》获评《中国社会科学》2021年度好文章；杨建华教授的专著《欧亚草原东部的金属之路：丝绸之路与匈奴联盟的孕育过程》荣获"第五届郭沫若中国历史学奖"二等奖；李子君教授的《〈增修互注礼部韵略〉研究》获"第八届胡绳青年学术奖"；李春桃教授的《传抄古文综合研究》获第二十一届"吕叔湘语言学奖"一等奖。何志鹏、肖晞两位教授入选中宣部2021年文化名家暨"四个一批"人才、国家高层次人才特殊支持计划哲学社会科学领军人才；田冠浩教授入选中"宣部宣传思想文化青年英才"。

五年来，学校稳步提升哲学社会科学研究的国际影响力和话语权，主办、承办多场国际学术会议、研讨会议。哲学社会科学领域获立重大项目37项，4部书稿入选"国家哲学社会科学成果文库"，19项成果获高等学校科学研究优秀成果奖（人文社会科学）。基础理论研究保持传统优势，冷门绝学、区域国别等领域研究特色继续凸显，跨学科交叉融合全面推进，基础性、原创性、引领性成果产出丰硕。

2021年，中国共产党与中国人权事业发展进步国际研讨会在吉林大学召开

浪花的足迹

　　2022年6月2日，吉林大学"哲学社会科学高质量发展行动计划"——"文科振兴计划"正式启动，翻开了哲学社会科学发展建设的新篇章。"文科振兴计划"将充分发挥学校学科综合优势，对繁荣发展哲学社会科学作出的重要战略部署，计划5年投入不少于2亿元。"文科振兴计划"聚焦科研管理组织方式的创新升级，在科研方向、人才队伍、创新平台、制度保障等方向实施专项攻坚工程。以"成立社会科学研究院"为牵引，强化顶层设计引领；以"方向聚焦领航工程"为指针，推动有规划科研；以"队伍培育筑基工程"为基础，优化人才成长生态；以"平台创新转型工程"为动力，激发科研创新活力；以"制度保障支撑工程"为依托，提升管理服务效能。突出人才队伍建设的核心作用，以人才队伍建设导引前沿方向、产出重大成果、建设创新平台。相信在全校师生的共同努力下，学校实现文科振兴目标指日可待。

2022年9月1日，吉林大学哲学社会科学工作会议在中心校区鼎新大讲堂召开，校党委书记姜治莹出席会议并以"守正创新担使命 踔厉奋发书华章"为题发表讲话

2022年9月1日，吉林大学社会科学研究院正式成立，校党委书记姜治莹与吉林省委宣传部副部长刘立新为吉林大学社会科学研究院揭牌

矢志科研报国

五年来，学校积极开展高水平研究，着力加强有组织科研，全力攻克关键核心技术，加快打造国家战略科技力量，激发了广大师生的内生动力和创新活力。学校自然科学到账经费76.37亿元。新增合同经费超千万元项目56项。8项成果荣获国家科学技术奖，6项重要成果发表于*Nature*和*Science*等世界高水平学术期刊。

学校成立"国家重点实验室建设委员会"和"国家重点实验室管理与服

务办公室"，积极组织国家重点实验室重组工作，根据科技部《国家重点实验室优化重组方案》要求，制定《吉林大学国家重点实验室重组方案》。积极挖掘平台建设新的增长点，前瞻布局地球探测与成像、人与动物共患传染病等国家重点实验室。吉林大学现有5个国家重点实验室，数量在全国高校中排名第6位。5个国家重点实验室加快重组步伐，助力国家创新体系建设。9个国家部委重点实验室顺利通过评估。学校还成立了未来科学国际合作联合实验室，围绕新物质的创造与转换、新能源材料、智能制造、精准医疗等未来科学前沿，组建中外联合科研团队，汇聚国际顶尖学术大师，开展前沿科学探索及应用研究，在开放合作中提升自身科技创新能力。

国家级科研平台是开展高水平科技创新和高端人才培养的支撑和保障。于吉红院士牵头的"分子筛催化材料的分子工程学"基础科学中心项目获批，合同经费7 134.40万元，面向国家在能源、化工、环境等领域对分子筛材料的重大需求，创制新型高效分子筛催化材料，实现CO_2和石脑油耦合制芳烃新技术路线的工业示范。"未来科学国际联合研究中心"获批建设，成为学校第4个国家国际合作基地，正努力成为世界一流科学中心和创新高地。总投资1.92亿元的国家重大科技基础设施"综合极端条件实验装置——高温高压大体积材料研究系统"开工建设，该项目的实施将使学校成为世界高压科学研究的中心之一。吉林应用数学中心获得科技部批准，成为全国首批建设的13个"国家应用数学中心"之一，是继国家天元数学东北中心之后，依托吉林大学建设的第二个国家级数学中心。国家重大科研仪器设备研制专项"新一代大型超高压产生装置建设项目"通过国家验收。吉林大学未来科学论坛、第十五届设计与制造前沿国际会议（国内部分）等国际学术盛会顺利举行，在校内外引起热烈反响。

2018年9月17日，吉林大学首届未来科学论坛在中心校区鼎新大讲堂举行。论坛围绕关键共性技术、前沿引领技术、人工智能与数据科学、新能源与环境等未来科学前沿，探讨全球共同关注的科学前沿与人类未来问题

　　基础研究是科技创新的源头，是吉林大学的立校之本。五年来，学校在多项面向国家重大战略需求的基础研究和关键技术应用等方面取得重要突破，以原始创新成果服务科技强国建设、服务高水平科技自立自强。

　　"超快光电子学"团队解决了硬脆透明材料激光制备的加工窗口区缺失的难题，形成了特种光电器件激光制造的原理和技术体系，实现了若干系列特种光电器件，满足国家紧迫需求。

　　生命科学学院科研团队利用最新的古基因组技术，成功获得中国新疆迄今最早的古人类基因组数据，更加全面系统地还原了古人类的起源与进化历史，在新疆史前人群的起源和形成的研究中取得重要进展。

　　中国工程院院士、吉林大学地球科学学部学部长林君教授科研团队针对新疆策大雅隧道洞址勘查的高落差、大深度、精细化、超长长度的要求，在自主研发的航空混场源电磁探测系统基础上，以直升机为飞行平台，发明了电性源与磁性源结合、人工源与天然源结合，并优化系统性能参数的航空混场源电磁探测技术，使我国在极端复杂条件下的高落差、大深度、超长公路隧道洞址探测能力取得新突破。

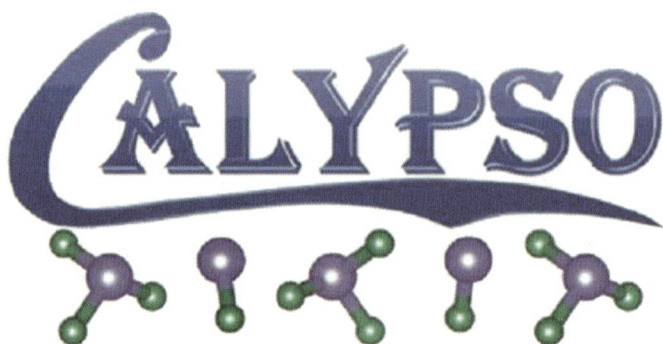

马琰铭教授研究团队原创发明的晶体结构计算方法和软件，攻克了世界难题

　　吉林大学党委常委、副校长马琰铭教授带领的"大尺度材料计算方法与软件"研究团队针对如何依据化学组分从理论上准确预测晶体结构这一科学难题，提出并发展了基于群体智能优化算法的启发式势能面数值求解方案，创建了以CALYPSO命名的计算方法，攻克了世界难题，被73个国家800余个科研单位的包括诺奖得主团队成员在内的3 600余位学者广泛采用，用户单位涵盖43所全球TOP50大学、39所中国"双一流"大学、6所美国常青藤大学和14个以美国国家实验室为代表的国际顶尖研究机构，相关成果荣获2019年国家自然科学奖二等奖和意大利理论物理中心"Walter Kohn"国际奖。

　　孙洪波教授作为第一完成人的"特种光电器件的超快激光微纳制备基础研究"项目获2020年国家自然科学奖二等奖。李志刚教授作为第二完成人的

"固相共混热致聚合物基麻纤维复合材料制备技术与应用"项目获2020年国家科技进步奖二等奖。

五年来，学校充分整合资源和研究力量，加强科技创新统筹协调，努力打造一批一流科技领军人才和创新团队。中国科学院院士、校长张希荣获第七届中国化学会——中国石油化工股份有限公司化学贡献奖；刘寒雨教授荣获中国物理学会高压物理专业委员会第三届"高压科学卓越青年学者"称号；张然、郭威两位教授荣获第十六届中国青年科技奖；张然、陈芳芳两位教授荣获第十七届中国青年女科学家奖，鄂俊敏教授荣获第十八届中国青年女科学家奖；孙俊奇教授荣获第十届中国化学会——巴斯夫公司青年知识创新奖；刘财教授被授予第十七次李四光地质科学奖；刘冰冰教授荣获谢希德物理奖。

以奋斗承继血脉、以文化增强自信、以科技服务国家，吉大人潜心笃志、辛勤耕耘的薪火从未熄灭。以"时代楷模"黄大年为代表，吉林大学这片沃土上孕育着的每一位科研工作者，都彰显着吉大人的风采和成就。在实现中华民族伟大复兴中国梦的征程上，每一位吉大人都在默默贡献着智慧和力量，努力成为人民的骄傲、民族的脊梁。

深 耕——

五年来，在黄大年精神的激励下，学校立足吉林、辐射东北、面向全国，全面深化校地合作发展，为东北全面振兴全方位振兴积蓄力量；全面促进乡村振兴，持续推动巩固脱贫攻坚成果与乡村振兴的有效衔接；自觉将学校发展置于国家强盛与民族复兴伟业的大局之中，为实现党中央战略意图、服务地方经济社会发展、振兴东北老工业基地作出吉大贡献。

深化校地合作

　　白山松水滋养了吉林大学的成长建设，吉林大学也持续回馈着吉林这片土地。学校遵循"在发展中作贡献，在贡献中求发展"的办学理念，主动对接吉林省"一主六双"高质量发展战略，纵深推进与吉林省及省内9个市（州）的合作对接，全面推进落实校地"战略联姻"成果。

　　学校主要领导亲自率队考察、全体领导班子成员"一对一"联系相关市（州），全面夯实了省校创新发展合作协议，实现了与吉林省及省内9个市（州）"校地合作"项目的全覆盖，开启了服务吉林经济社会发展的新局

2021年1月23日，吉林省及省内各市（州）与吉林大学共同举办"携手吉大　创新发展"合作签约活动，吉林省委书记景俊海出席活动并讲话，校党委书记姜治莹、校长张希参加签约活动

面。双方以共赢为出发点，力求加快实施创新驱动发展战略，促进科技成果落地转化，激发了高质量发展的内生动力，彰显了扎根地方、振兴东北的担当与情怀。

2021年10月26日，吉林省各市（州）与吉林大学创新发展合作现场推进会在辽源举行，吉林省委书记景俊海出席会议并讲话，吉林省委副书记、省长韩俊主持会议，校党委书记姜治莹参加会议并讲话

组织召开吉林省校友人才促进吉林振兴发展大会，助推与吉林省及省内各市（州）全方位深度合作，力争在号召吉大校友回省创业、兴业上实现新突破，在科技成果就地转化上实现新突破，在毕业生留省就业人数上实现新突破，在教育、医疗等方面服务吉林人民上实现新突破，努力用全体吉大人和广大校友的智慧和力量，回馈勤劳质朴的家乡父老，回馈白山松水的养育之恩。

2021年10月26日，首届吉林省校友人才促进吉林振兴发展大会在长春举行，吉林省委书记景俊海出席开幕式并讲话，吉林省委副书记、省长韩俊主持开幕式，校党委书记姜治莹参加开幕式并发言

学校以优势学科和科教资源赋能产业发展，逐步拓宽校地合作视野，全面扩大校地合作范围，推进产教融合，释放发展红利。发挥学校科技、人才优势，服务区域经济社会发展需要；与长三角、珠三角、环渤海、京津冀等经济发达地区开展深度合作；与吉林省、内蒙古自治区、四川省、重庆市、西藏自治区、中国一重集团有限公司、百度公司等220余家地方政府和企业签署合作协议；与中国第一汽车集团有限公司共建"红旗学院"，与华为技术有限公司共建"华为信息与网络技术学院"，与中国移动通信集团有限公司共建"5G联合创新实验室"，与中国航空工业集团有限公司共建"联合实验室"。成立吉林大学吉林市研究院、盐城智能终端产业研究院、苏州创新研究院、惠州研究院、宜宾研究院、芜湖技术转移中心、德州技术转移中心等校地产学研合作平台20余个，将学校的学科建设、成果转化等需求与地方经

济社会发展的实际需求紧密对接。积极开展学科对口支援西部高校（新疆医科大学、西藏大学、西藏藏医药大学）工作。对口合建教育部"部省共建"（内蒙古大学、郑州大学）工作有序推进。

2019年4月10日，吉林大学与吉林移动合作签约仪式暨5G联合创新实验室揭牌仪式在吉林大学创新创业教育学院举行，校长张希在仪式上致辞

开展吉林大学"万名学生走千企"暑期社会实践，实施社会实践"百千万工程"，建设百个校级社会实践基地，每年派出一千支实践团队，带领万名学生参与实践活动。加强对学生国情、社情、企情的教育引导，促进学生合理规划职业生涯，为学生实现成功就业、理想就业打好基础、创造条件。与吉林省人民检察院、吉林省商务厅、吉林省农业农村厅、中国银行股份有限公司吉林省分行等70家单位签署《共建大学生实习实践基地协议》，搭建大学生实习实践平台，通过"鼎新实习"计划等选派优秀大学生前往各实习实践基地学习提升。近五年，留吉就业创业毕业生达12 000余人。

助力乡村振兴

定点帮扶吉林省通榆县是国家乡村振兴局（国务院原扶贫办）和教育部交给吉林大学的光荣任务。接到任务后，学校第一时间成立定点帮扶工作领导小组，由学校党委书记和校长共同担任组长。成立专门负责统筹推进定点帮扶工作的扶贫工作办公室（后改名为乡村振兴工作办公室）。成立乡村振兴研究院，全面提升学校在乡村振兴方面的研究水平，推进对乡村振兴人才的培育，加强学校与国内外相关研究机构的交流合作。

长期以来，学校充分发挥高校综合优势，实施了科技兴农计划、教育扶智计划、文化兴村计划、医疗惠民计划、消费扶农计划、资助扶困计划、典型引领计划等一系列乡村振兴工作计划，在教育扶贫、人才扶贫、科技扶贫、产业扶贫、消费扶贫等方面做了大量卓有成效的工作。学校的定点扶贫工作连续3年在国务院扶贫办组织的中央单位定点扶贫工作考核中获得最高评价等级，在教育部举行的"教育这十年""1+1"系列发布采访活动的第九场新闻发布会"聚焦党的十八大以来直属高校定点帮扶工作成效"展示中被点名表扬。

学校坚持"扶贫与扶志相结合、输血与造血相结合、近期与长远相结合"的工作理念，充分考量通榆县域实情和实际需要，针对通榆县是农业、牧业大县的特点，发挥学科综合优势、体量优势、校友资源优势，设立39个定点帮扶科研项目，派出100余名专家，围绕种植、养殖、产品深加工、医疗、教育培训、生态、文化建设以及消费帮扶等方面，对通榆扶贫龙头企业、专业合作社及部分农户开展全方位、全产业链的帮扶。举办各类培训班

45期，累计培训基层干部及专业技术人员1.5万余人次，帮助通榆县贫困村编制贫困村产业扶贫规划90个，为通榆县在新发展阶段实现高质量发展再添助力、再增动力。

广大教师"淡泊名利、甘于奉献"，连续多年扎根田间、地头、牧场，把论文写在了祖国大地上，助力吉林省通榆县脱贫摘帽、迈入乡村振兴新征程。引进优良玉米、水稻、杂粮、杂豆新品种，传授农户科学种田技术，大大提高了粮食产量和品质。引进优质动物胚胎进行人工繁殖，使草原红牛、小尾寒羊、家鹅等禽畜品种得到了改良，建立了一批规模化的养殖基地，促进了养殖业的发展。扶持乡村庭院经济的发展，一批农作物的深加工产品如辣白菜、酸菜、辣椒酱等走出了国门，成功培育2家吉林省五星级扶贫龙头企业。

2022年9月，在国家六部委的中央单位定点帮扶通报中，对吉林大学积极推动优秀项目成果转化，助力提升水稻、玉米、大豆等作物单产再次给予表扬。

2021年3月19日，吉林大学定点科技扶贫成果展暨第一届冰凌花节揭幕仪式在和平校区举行，巩固拓展学校定点科技扶贫成果，助力乡村振兴战略

学校聚焦巩固拓展脱贫攻坚成果同乡村振兴有效衔接，截至2021年12月30日，学校累计投入无偿帮扶资金4 000余万元；帮助通榆县引进资金7 200余万元；直接购买和帮助销售通榆县特色农产品3亿余元。学校主要领导带队赴通榆县考察调研8次，学校召开专题工作推进会30余次，在通榆县开展学校处级干部培训2次。学校31个基层单位"点对点"帮扶通榆村级党支部，其中法学院和生物与农业工程学院联合帮扶的边昭镇铁西村村党组织领办合作社被评为吉林省"十佳示范社"。学校累计资助通榆籍贫困大学生90人，帮扶贫困户400余户，捐赠图书3万余册。在通榆县建立吉林大学第二临床医院通榆分院，实现了优质医疗资源下沉，为农民义诊5 000余人，捐赠药品价值110余万元，捐赠医疗器械价值400余万元。吉林大学的抗盐碱水稻"吉大6号""吉大7号""吉大158号"推广面积800余万亩，增产4亿公斤，为农民创收12亿元。

吉林大学助力通榆打赢了一场从"国家级深度贫困县"跃升到"先进领跑县"的"翻身仗"，经济指标实现了前所未有的"大发展"。学校还帮助通榆县完成了24.7万字的反映脱贫攻坚实况的长篇纪实报告文学《鹤鸣九皋闻于天——来自通榆县的脱贫攻坚报告》，这是东北地区唯一一部人民出版社出版的脱贫攻坚类书籍，为总结凝练"通榆模式"作出贡献，为奋斗着的通榆县人民留下了宝贵的精神财富。

学校先后选派挂职副县长3人，挂职副镇长1人，驻村第一书记4人，科技特派员4人，驻村干部2人，挂职县医院副院长4人，驻县医院医生66人。他们艰苦奋战、无私奉献，彰显了吉大人扎根基层、迎难而上的智慧和力量，在地方树立起为民、务实、担当的良好形象，得到了通榆县干部群众的广泛赞誉。

2022年9月，在吉林大学定点帮扶通榆县成果展开幕式上，校党委书记姜治莹和白城市委常委、通榆县委书记李德明共同为"吉林大学定点帮扶通榆县纪念石"揭幕，纪念石上刻有"求实创新 励志图强"和"人比山高 脚比路长"，以此见证校地携手奋斗的时代印记和深情厚谊

在通榆大地上，吉大人洒下了辛勤的汗水，留下了永恒的印记。吉林大学扶贫工作办公室（后改名为乡村振兴工作办公室）2次荣获吉林省脱贫攻坚组织贡献奖、获吉林省脱贫攻坚先进集体，植物科学学院崔金虎教授、化学学院高岩教授、通信工程学院于银辉教授等8人次获全国和吉林省脱贫攻坚表彰，2个扶贫项目获评教育部十佳精准帮扶典型项目，学校"心系通榆，精准扶贫"志愿者团队获评国务院扶贫办"中国优秀扶贫志愿者"50佳案例，1人入选教育部教育扶贫专家库，1人被评为全国科技助力精准扶贫优秀个人。中央广播电视总台、《光明日报》、人民网、新华网等媒体相继对我校的扶贫工作进行了大量报道，向全社会展示了吉林大学如何用责任与担当写好这篇脱贫攻坚"大论文"、写就这篇乡村振兴"大文章"。

坚持开放融合

　　五年来，学校深入实施"开放活校"战略，树立"国际化+"理念，建立校院联动工作机制，持续提升师资、科研、办学、生源、人才培养与课堂教学国际化水平，"双一流"国际化建设取得长足进步。

　　2021年，学校启动实施"以人才培养为核心，以国际学术声誉提升为导向，以服务国家战略为指引"的"十四五"全球开放战略。学校的全球合作网络不断拓展优化，人才培养国际认可度大幅提升，教学科研单位的国际合作主体作用日益增强，师生国际活跃度大幅提高，引智工作和国际合作平台成效显著，学校服务国家战略能力进一步增强。

　　学校持续深化港澳台教育交流合作，五年来，举办4届台湾学生"北国风情"暑期研习营和3届台湾学生"北国风情"冬令营。2019年首次创新启动台湾中学生科技训练营，疫情期间持续开展两岸青年师生学术工作坊7期，形成吉大特色和品牌。通过国情教育课程建设、开展社会实践调研、"你的名字"纪录片拍摄、"学养提升计划"、心理成长工作坊等多体系活动，加强思想引领，提升港澳台学生国情教育见实效。我校师生在2021全国高校港澳台学生主题征文活动中荣获特等奖，创造学校近年来最好成绩。

2019年7月，"台湾教师走进吉林"参访团交流座谈会在吉林大学举行，双方就高校治理、学生教务管理、世界大学排名体系指标、台湾学生的招收与培养等问题进行了交流讨论和经验分享

学校持续拓展国外优质教育资源，与40个国家和地区的302所高校和科研机构开展务实合作，较之五年前新增62个合作伙伴。其中，世界排名前100名伙伴新增20所，达到48所。与国（境）外的高校和科研机构合作共建的中外合作平台数量增至44个。与国（境）外高校合作开展的双学位项目增至85项，是2016年的2.5倍。

启动实施"吉大学子全球胜任力提升计划"，截至目前，已支持39家教学科研单位与19个国家和地区的115所世界顶尖名校及"一带一路"国家重点高校/科研机构合作实施了108个项目，参与师生人数达8千余人次。

启动实施"吉大全球讲座计划"（JLU Global Lectures），开展"吉林大学—牛津大学前沿学术讲坛"和"吉林大学—剑桥大学前沿学术讲坛"等系列活动，举办多领域、跨学科学术报告67场，28家教学科研单位参与协办，邀请1位诺贝尔奖获得者、13位院士，参与师生达3万余人次。克服疫情影响，推进线上交流，持续激发学科、学者、学生主动参与国际合作的内在动力和外在活力。2017至2022年共邀请3 341人次外国专家来校访问讲学或线上工作，五年获批外国专家经费1.2万余元。2020至2022年，面向校内教学科研人员、管理干部、心理教师、图书管理人员、实验室管理人员等，策划组织20期全球胜任力提升线上工作坊，参与教职工达1 015人次，教职工国际对话能力持续提升。

学校大力实施国际联合培养和海外研修计划，积极开展务实高效的全球合作。2017至2022年，累计派出教职工6 509人次因公临时出国（境）交流研修或参与线上国际学术会议，学校教职工的国际活跃度进一步提升。2018至2019年派出学生12 766人次，2019年派出5 397人次，学校人才培养的国际认可度大幅提升，"学生国际竞争力提升计划"成效显著。

学校全面深化双边、多边合作，持续拓展全球"朋友圈"，服务国家外交大局，加强与俄罗斯、乌克兰等合作伙伴的务实合作，与俄罗斯莫斯科国立大学、巴什基尔国立医科大学、俄罗斯科学院地理研究所、乌克兰国家科学院数学研究所等合作伙伴签署6份合作协议。举办"非洲英语国家现代远程教育研修班"。不断拓展、优化校院两级全球合作网络，实施国际宣传提升计划，支持各学科建设完善英文网站、制作英文宣传片，持续提升学校的国际影响力和竞争力。实施国际合作平台建设计划2.0，加大国际科研合作政策与资源的支持力度，加强国际协同创新，推动形成稳定深入的高质量国际科研合作格局。支持有条件的学科创立高水平国际学术联盟，参与或牵头组织国际和区域性重大科学计划和科学工程。

2021年9月，国际产学研用合作会议（长春）通过线上、线下相结合的方式在长春正式启幕，校党委书记姜治莹与吉林省人民政府副秘书长苏衡共同为吉林大学与巴什基尔国立医科大学共建中俄重要传染病联合研究中心揭牌，校长张希与教育部学校规划建设发展中心副主任陈建荣共同为吉林大学与巴什基尔国立医科大学共建机器人辅助微创技术联合诊疗中心揭牌

学校依托国际中文教育、教育援外工作，全面服务国家总体外交战略。共建4所海外孔子学院（课堂），成功完成转隶工作，布宜诺斯艾利斯大学孔子学院两次获得"全球优秀孔子学院"和"汉语考试优秀考点"称号。定期召开"国际产学研用合作会议"、吉林大学"海外孔子学院联席会议"等国际会议，举办中国—东盟青年冬令营、"ACM国际大学生程式设计竞赛"培训营等品牌活动，青年学生交流项目日益多元，广大师生的全球竞争力持续提升。

五年来，学校依托教育部援外培训基地，成功举办23期援外培训项目，共培训58个国家的692位官员，为国家外交大局提供智力支持与人才储备。打造国际中文教师培训品牌基地，2017至2022年共承接外派师资线上线下培训

21期，累计2 252人次。完成外派教师和志愿者选拔考试任务12期，累计2 067人次。以中文为媒，有计划派出在校师生300人次赴国外开设工作坊，积极主动做好"中国故事"讲述者。

创新开展"行摄东北"海外青年学生来华研习营、海外教育工作者研修营、"汉语桥"在线中文课堂等多个品牌交流项目，累计为20多个国家2000余名师生搭建理解中国和中华文化的桥梁。近50部短视频作品在中央广播电视总台、中国日报社、全国友协等组织的视频竞赛中获奖。积极探索"中文+中国传统文化"建设，古籍、考古等优势学科力量为"国际中文日"全球文化推广活动贡献吉大力量。

服务国家战略

立足中华民族伟大复兴战略全局和世界百年未有之大变局，学校紧盯国家战略、紧盯社会需求、紧盯人民期盼，聚焦"十四五"发展新阶段，聚焦"四个面向"，主动担起高校之责、负起使命之任，以实际行动准确把握"国之大者"、深耕服务国家所需。

学校充分发挥人才和学科优势，全力服务国家战略和区域经济社会发展，成立了横琴金融研究院、财产法研究中心、东北抗联研究中心、国家发展与安全研究院、东北振兴发展研究院、劳动关系研究院、东北与东北亚研究院、人权研究院、碳中和研究院、唐敖庆理论化学基础学科中心、中共党史党建研究院等研究机构，急国家之所急，应国家之所需。其中，成立国家发展与安全研究院，为吉林大学入选国家安全学学科首批建设单位奠定了良好基础。

　　2020年10月28日上午，吉林大学劳动关系研究院加挂吉林大学天和劳动关系研究院揭牌仪式暨《中国劳动关系发展研究报告（1949—2019）》发布会在吉林大学中心校区东荣大厦举行，校党委书记姜治莹，吉林省政协副主席、党组副书记、时任省总工会主席李龙熙共同为研究院揭牌

　　2019年11月11日，吉林大学东北抗联研究中心成立大会暨第一次学术研讨会在吉林大学举行，吉林大学校长张希和教育部高等学校社会科学发展研究中心主任王炳林为吉林大学东北抗联研究中心揭牌

学校的智库作用得到充分发挥，国家高端智库建设稳步推进。五年来，200份研究报告得到省部级以上领导的肯定性批示，其中，14份研究报告得到党和国家领导人的肯定性批示。我校新增16个智库入选中国智库索引（CTTI）来源智库，2个智库入选CTTI高校智库百强榜单。8位教师入选教育部科学技术委员会委员，服务高校科技战略咨询。学校还专门成立东北与东北亚研究院，积极打造中国东北振兴与东北亚地区合作研究院高端智库。

2022年8月28日，吉林大学东北与东北亚研究院成立大会举行，吉林省委副书记、省长韩俊和校党委书记姜治莹共同为东北与东北亚研究院揭牌

五年来，学校积极构建"顶天""立地"项目，在火星、月球等深空探测、生态探测与土壤修复和万米钻探、极地探测、南极科考等领域都取得了重大成果。面向国家战略需求，吉林大学与航天八院803所、805所，中航601所联合共建实验室，协同攻关载人航天等领域关键核心技术。

吉林大学助力我国"嫦娥探月工程",负责完成了采样模拟月壤研制、采样区月壤力学参数反演、钻采月壤取芯风险分析等项目

生物与农业工程学院(工程仿生教育部重点实验室)地面力学课题组负责完成的表取采样区月壤力学特性反演等项目研究,在嫦娥五号月面采样返回型号任务研制过程中作出了重要贡献,收到了航天五院的感谢信,为实现"航天梦 中国梦"贡献了吉大力量。地球科学学院、计算机科学与技术学院等科研团队在月球撞击坑智能识别和年代标定方面为我国首次建立了基于自动识别方法的精准月球撞击坑数据库。

地球探测科学与技术学院科研团队参与绘制了"世界首幅"1:250万月球全月地质图(中英文版)构造图,并负责编制了全月地质图中的伯克霍夫幅、洛伦兹幅、虹湾幅、亚里士多德幅、洪堡海幅和坎贝尔幅6幅分幅地质图。这一成果综合表达了月球地质和演化信息,为月球科学研究、探测规划、着陆点选址等提供了重要的基础资料,也为其它天体地质图的编制提供了参考。团队还牵头联合多家科研团队完成了"世界首幅"1:250万月球全月构造纲要图,这是我国在月球地质科学领域取得的标志性研究成果。

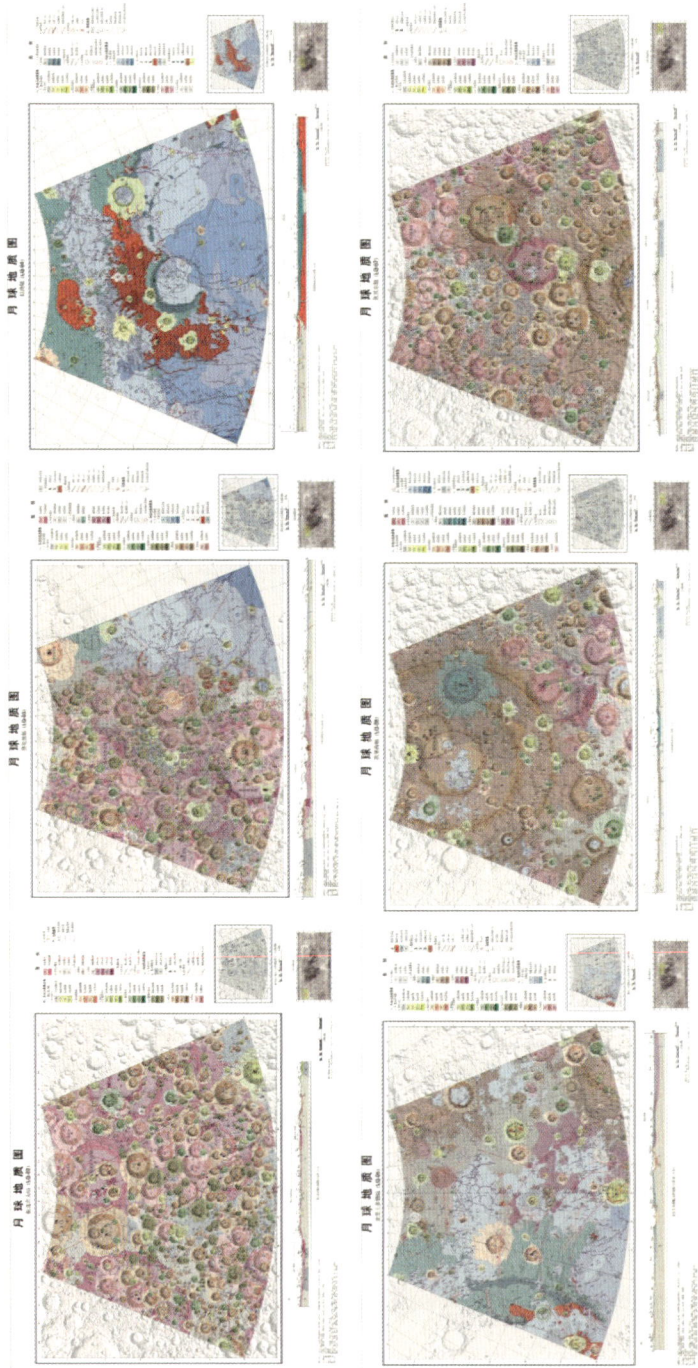

地球探测科学技术学院科研团队负责编制的 1∶250 万月球全月地质图中的 6 幅分幅地质图

　　由吉林大学设计的我国首台万米大陆科学钻探专用装备"地壳一号"万米钻机完成了"松科2井"任务，创造了7 018米完钻井深的亚洲大陆科学钻井最深探井记录，使中国成为世界上第三个拥有实施万米大陆科学钻探计划专用装备和相关技术的国家，刷新了地质科学钻探亚洲纪录，是国际大陆科学钻探计划成立22年来实施的最深钻井，部分技术成果达到国际领先水平。"地壳一号"深部大陆科学钻探钻机关键技术及应用项目入选2018年度"中国高等学校十大科技进展"。

2018年6月2日，由吉林大学设计的我国首台万米大陆科学钻探专用装备"地壳一号"万米钻机，创造了亚洲大陆科学钻井新纪录

　　吉林大学南极科考团队积极参与"中国南极昆仑站深冰芯钻探科学工程""极地深冰下基岩无钻杆取芯钻探装备"冰下基岩钻探等重大项目的南极现场考察，取得了极地科考的重大突破。科研团队历时五年自主研发的极地深冰下基岩无钻杆取芯钻探装备应用于南极冰盖钻探，成功钻穿近200米厚

的南极冰盖，首次获取了连续冰芯样品和冰下岩心样品，使中国成为继俄罗斯、美国之后第三个获取南极冰下基岩岩心样品的国家。

2018年11月，吉林大学科研团队应用自主研发的钻探装备"极地深冰下基岩无钻探取芯钻探装备"获取了连续的冰芯样品和冰下岩心样品，这是我国在南极获取的首支冰下基岩岩心样品

吉林大学地学部科研团队发现和指导了夏日哈木世界级超大型镍矿的勘查工作，潜在价值超过2000亿元。发现和勘查了阿克楚克赛铜镍矿。基于东昆仑造山带茶卡北山稀有稀土矿的研究，原创性地提出了矿床自上而下的垂向分带模式，打破了伟晶岩矿床水平分带的传统模式，成功指导了该矿床的找矿勘查工作。

百年大计，教育为本。未来，学校将持续深入贯彻习近平总书记重要指示精神，秉承黄大年精神，努力培养更具家国情怀的新时代建设者，努力建设更具国际国内影响力和竞争力的高水平师资队伍，努力产出对国家经济社会发展具有重大影响的创新成果，努力为服务国家战略作出具有更重要显示度的贡献，努力提升学校的国际学术声誉和社会认可度，为2030年基本建成中国特色、世界一流大学进一步定标续航，为2046年建成中国特色、世界一流大学进一步垒台夯基。

在融入全局中提升站位、在立足现实中明确定位、在主动求变中争先进位，吉林大学必将牢牢把握高质量发展的历史机遇，厚植"高等教育第一方阵"优势，成为在国家创新体系中扮演关键角色，在国家和世界高等教育格局中具有重要地位，世界同行广泛认同，享誉全球的中国特色、世界一流大学。

结　语

习近平总书记对黄大年同志先进事迹作出重要指示五年来，吉林大学全体师生在深入贯彻落实习近平总书记重要指示精神、持续弘扬黄大年精神中稳步前行，因信仰而执着、因热爱而眷恋、因梦想而奋斗的精神火种，在吉林大学从未熄灭……

一所大学的精神，是这所学校的精髓和灵魂，是广大师生校友共同秉持的信念和追求，是激励全体师生员工踔厉奋发、笃行不息的支柱和动力。与党同心、与党同行的吉林大学精神，是事业发展的力量源泉，要一以贯之持续培育、锲而不舍不断凝练、坚定不移传承赓续、与时俱进发扬光大。

作为中国共产党亲手创建、布局东北的第一所重点综合性大学，"红"与"专"是吉林大学发展的"根"和"魂"。20世纪中叶，以吕振羽、匡亚明、唐敖庆等为代表的先贤巨匠们，听党指挥、北上东北，毅然投身于亟待建设的吉林大学教育事业，奠定了吉大人心系家国的精神血脉和学校发展的厚重根基。中国抗日战争最危难时期，国际共产主义战士诺尔曼·白求恩医生不畏艰险、北上援华，毅然投身于枪林弹雨中的晋察冀军区医疗卫生工作，夯实了吉大人"毫不利己，专门利人"的奉献意识和"满腔热忱，精益求精"的赤诚情怀。国家建设急需各类人才之时，19岁的黄大年不负众望、北上求学，在1977年恢复的高考中以高分考入长春地质学院（现吉林大学地学部），自此开启了"巡天探地潜海"的人生之旅。学成归国的黄大年毅然放弃国外的优越条件回国任教，带领团队争分夺秒、披荆斩棘，填补了国家

"巡天探地潜海"等多项战略尖端技术空白，激发了吉大人开拓创新、锐意进取、不断攻克一项项"卡脖子"难题的巨大潜力。

这种一路向北、扎根东北的豪情与壮志，承载着多少吉大人开拓基业、敢为人先的梦想；

这种一路向北、扎根东北的追寻与守望，承载着多少吉大人刚毅果敢、无私奉献的担当；

这种一路向北、扎根东北的坚定与执着，承载着多少吉大人忠诚于党、爱国于行的力量。

一路向北、扎根东北的"北上精神"是吉大精神的重要组成部分，而黄大年精神是"北上精神"的时代标志，是新时代"北上精神"的赓续传承。

精神立则人格立，精神强则国家强。秉承着这种精神血脉，从一个人到一群人，一代又一代的吉大人必将前仆后继、接续奋斗，持续深入贯彻落实习近平总书记重要指示精神，将黄大年精神在传承和弘扬中凝结成责任与使命。一代又一代的吉大人必将赓续红色基因、与时俱进，高擎爱国旗帜，承袭精神风骨，努力加快推进"双一流"建设，培养担当民族复兴大任的时代新人，谱写出中国特色、世界一流大学的吉大篇章。一代又一代的吉大人必将踔厉奋发、勇毅前行，书写下吉林大学崛起于祖国北疆的不朽传奇，铸就吉林大学为实现中华民族伟大复兴中国梦贡献力量的新辉煌。

后　记

2022年5月，是习近平总书记对黄大年同志先进事迹作出重要指示五周年。在各项纪念活动开展之际，5月31日，由霍睿执笔的《灯火不熄，精神永续——吉林大学开展纪念"习近平总书记对黄大年同志先进事迹作出重要指示五周年"系列活动综述》一文，融合了段为、刘飒、张宏伟、崔曾多等几位老师的意见和建议，经李洪明老师修改定稿，以"吉大轩"的响亮名字，发表在吉林大学新闻网"焦点新闻"板块。

对于梳理学校师生深入贯彻落实习近平总书记的重要指示精神而言，一篇文章的力量，些许有些单薄。五年来，学校用习近平总书记重要指示精神激励全校师生在建设中国特色、世界一流吉林大学的征程中，不断锐意创新、拼搏进取。如果将这五年来的点滴工作串联起来，会是怎样的一幅景象？

学校党委宣传部秉承着对习近平总书记重要指示精神的贯彻落实和对黄大年老师的无限追思，指派霍睿执笔，完成了"高山景行 薪火相传""兴教育才 端严德尊""励精图治 赤心报国"三个篇章、"擘画""追忆""镌刻""铸魂""治学""为师""树人""承继""深耕"九个章节的工作综述，并定名为《浪花的足迹》，借此对五年来吉林大学贯彻落实习近平总书记对黄大年同志先进事迹作出的重要指示而开展的相关工作做了一次相对深入的梳理。

从一篇文章，到一部书稿，素材整理与完善的过程，得益于党委办公室、党委组织部、党委统战部、党委学生工作部、发展规划处、研究生工作部、教务处、科研院、社会科学研究院、党委教师工作部、人才工作办公室、国际合作与交流处、乡村振兴工作办公室、哲学社会学院、化学学院等校内有关部门和单位的大力支持，归功于党委宣传部全体记者的拍摄和报道，更有赖于黄大年老师生前工作单位——地球探测科学与技术学院的全力保障。

本着"先完成，再完善，更完美"的层级更迭，在李洪明、段为、关升亮等几位老师的指导下，书稿历经十余次修改优化，力求将一段段动人的文字、一幅幅鲜活的照片、一幕幕感人的往事，呈现给更多的读者，将习近平总书记的重要指示精神贯彻得更实、将黄大年精神传扬得更广。

磨得一剑成，一朝试锋芒。感谢所有为学习贯彻落实习近平总书记重要指示精神而躬耕奋斗的全体吉大人，感谢所有为《浪花的足迹》提供帮助和建议的各位老师，更要特别向吉林大学出版社代景丽老师和全体编辑老师夜以继日的不懈努力表达衷心的感谢和诚挚的敬意。

在习近平总书记作出的重要指示精神激励下，在黄大年老师梦想出发的地方，千朵万朵奔腾的浪花，正呼啸着加入献身者的滚滚洪流，涌入日新月异的时代浪潮……

吉林大学党委宣传部

2022年9月